JN042661

紛争解決ってなんだろう

篠田英朗 Shinoda Hideaki

★——ちくまプリマー新書
366

目次 ＊ Contents

まえがき

この本は「紛争解決論」を初めて学ぶ人たちのために書いた本です。高校生でも読めるように書いたつもりですが、大学の授業の教科書でも使おうと思って書きました。もちろん今まで「紛争解決論」にふれることのなかったその他の方々が読んでくださっても、大変にありがたく思います。

「紛争解決論」の場合、事前に学習しておかなければならない学問的知識はほとんどないので、高校生でも大学生でもあまり関係がありません。「紛争解決論」という考え方に興味を持って本書を手に取ってみたが、今まで「紛争解決論」を勉強してみたことはない、という人に向けて書いてみた本です。

なぜ「紛争解決論」はこういうものの見方をするのか、という問いを常に意識して、本書を書きました。そもそも紛争とは何なのか、紛争を解決するというのはどういうことなのか、といった基本的な概念構成の説明から入っていきます。その際に、「紛争解決論」という考え方の背景にあるものの見方そのものを説明するように心がけました。

基本的な概念構成の後には、紛争分析の代表的な理論の紹介や、紛争解決の歴史的事例を整理し直すことや、現代世界の紛争解決の仕組みや、実際の取り組みの事例の紹介などを行っていきます。それらの説明にあたっても、常に、紛争解決ではどのような考え方にもとづいて政策や実践を行っていくのか、ということを示していけるように、心がけました。どの話題を取り上げているときでも、なるべく広い階層の読者の方に興味を持って読んでもらいたいと思っていたからです。

ただ、私は、国際政治学者なので、本書の後半では、かなり自分の専門に近づけた話になっていると思います。「紛争解決論」を、法律家の方が書く場合、学校教員が書く場合、会社の管理職の方が書く場合には、おのずと力点は変わってくるでしょう。

その意味では、本書は、最初の一般論の部分から始まり、ゆるやかに後半の各国の政治情勢や国際政治の動向に即した紛争解決論の部分へと展開していきます。

本書の入り口のところでは、読者の方々の専門分野にかかわらず、「紛争解決論」の大きな枠組みを見せていくことを心掛けました。ここではむしろ読者の皆さんの日常生活の中で「紛争解決論」を活《い》かしていってほしいという気持ちから、普通の生活の中で見つかる「紛争」の場面を取り上げてみたりしました。

後半では、政治学に素養のある方には、「紛争解決論」の観点から政治史、政治制度、現代世界の分析を行ったものとして、読んでいただければ幸いです。同時に、政治にあまり関心がない読者の方にとっても、不都合がないように、わかりやすく書くことを心掛けました。

大学で「紛争解決論」を学ぶ際には、本書のやり方が多いのではないでしょうか。国際政治系の教員が教えることが多いので、自然に話の中心は国際政治系になっていく傾向があるのではないかと思います。オーソドックスな紛争解決論の説明を施すことを心がけつつ、一般論の間口の広さ、国際政治学の議論の使い方、そして著者の本当の専門である現代国際平和活動の挿入の仕方などに、本書の特色が現れてきていると思います。

また、本書では、あえて口語調で文章を書いてみることを心がけてみたのも、皆さんがすぐにお気づきになられるところかもしれません。私は、ちくまプリマー新書から『はじめての憲法』という本を出したことがあります。そのとき、なるべくわかりやすく国際法と合致した日本国憲法の仕組みを説明しようとして、あえて講義形式で話をしたものを口述筆記していただくという形式をとりました。今回は、口述筆記ではありませんが、実は大学で私が何年間か担当してきている「紛争解決論」の講義内容をふまえたものにはなっています。そこで「ちくまプリマー新書」の前作を意識しつつ、自然に講義を通じて考えたことなどを盛り込んでいくために、口語調で本書を書いてみることにしました。

なお、一般向けの本にもしたかったため、巻末に列挙した参考文献の数は限定しました。初学者の基本文献リストとして有用なものだけをあげておきました。

ただ、日本語で「紛争解決論」を扱っている書籍は、そもそも非常に数が少ないという問題があります。結果として、数が限定的である割には、英語文献も挿入されていて、専門的な要素もある参考文献リストに見えるところもあるかもしれません。

こうした事情を考慮して、非常に重要だと思われる文献については、邦訳の有無にかかわらず、あえて本文の中で説明を施していくように心がけました。

第1章　紛争解決の考え方

無限にある紛争

世の中には、紛争があふれています。こう言うと、ああ世界には戦争がいっぱいあるからな、と思われる方が多いのではないかと思います。

実際、現代世界には、非常に多くの「武力紛争」が起こっています。本書の後半では、現代世界の「武力紛争」の事例を、数多く取り上げていきたいと思っています。

もっともこの本は、世界の「戦争」を片っ端から解決していくための秘密の方法があると主張するトンデモ本ではありません。どの一つの「戦争」例をとっても、解決は難しいですね。はっきり言えば、何が起こっているのかを理解するだけでも、相当に難しいです。

ですから、「紛争解決」を目指していくとしても、まずは理解をすることから始めないといけないので、本書はそこを強調します。やみくもに思いついたやり方で紛争の解決を目指しても、悪影響しか出てこないのでは、寂しいですよね。まずは様々な紛争を理解するためのものの見方を身に着けるために、本書を読んではしいと思っています。

分析をする。そこから立案が生まれて、政策の実施に至る。この分析から政策への流れを、日常生活の事例をふまえた一般論のレベルから、現代世界の武力紛争の複雑なレベルにまで適用して見ることができるようにすることが、本書のテーマです。

もっとも本書は具体的な事例の解決策を提示する本ではありません。むしろ分析⇒政策という考え方の基本を、ずっと考えていくための本です。ずっと考える、というのは、本書を読みながら考えていただくだけではありません。世界の武力紛争のニュースを見ながらも考えていただきたいのですが、まずは読者の皆さんの今後の人生の中で考えていっていただきたいと思っています。

本書は、「紛争」一般に関するものの見方から、話を始めていきます。紛争を理解するためのものの見方は、まずは広い視点に立つところから身に着けていくべきだからです。また「紛争解決論」を、日常生活の中でも活かしてほしいという気持ちもあります。ですから日常生活で体験するような「紛争」の場面をとりあげていきます。

皆さんが「戦争」という言葉で想像するようなものは、この本では「武力紛争」と呼ばれています。これはこの本だけのやり方ではありません。学術的に「戦争」を論じる際には、

「武力紛争」と表現することが多いです。国際法学者は「戦争」という言葉を使わず「武力紛争」という言葉しか使いませんし、紛争解決論の専門家もそれにならって普通は「武力紛争」という言葉を使います。

「武力紛争」とは、「武力（armed）」を伴った「紛争（conflict）」の形態のことです。つまり様々な種類の「紛争」があることを大前提にしたうえで、「武力」を伴ったタイプの「紛争」のことを「武力紛争」と呼ぶのですね。

ということは、「紛争」は、「武力紛争」以外の形態のものを含みこんだ、広い概念です。どんな「紛争」が「武力紛争」以外に存在しているかというと、家族喧嘩《げんか》のことを「家庭内紛争」などと言うことがありますが、これはたいてい「武力」を伴っていない「紛争」ですよね。「学校内紛争」という言い方をする場合も、同じでしょう。ビジネスをしていると、他の会社との間で争いが起こることがあります。これは「企業間紛争」です。法的措置をとる、といったやり方に発展していわゆる「法廷闘争」などとも言われる民事訴訟を通じた争いは「法的紛争」です。

このように「紛争」の形態には様々なものがあります。「武力紛争」は、その一つにすぎません。それでは、どれくらいの数の形態の「紛争」があるのかと言えば、それはわかりません。無限にある、と言ってもいいでしょう。今日まだ知られていないが、いずれ生まれてくるような形態の「紛争」もあるかもしれません。決まった数で、「紛争」のパターンを表現していくのは、不可能です。無限に広がる様々な「紛争」の性格に応じて、無限のパターンの「紛争」の形態が起こりえます。「○○紛争」の「○○」に何が入るかは、本当に無限だと言えます。

紛争の定義

でもそうすると、そんなに様々な種類の形態を束ねる「紛争」という概念は、いったい何なのでしょうか。無限と言ってもいいほどにたくさんのものにくっついてしまう、とても汎用性の高い概念ですね。この「紛争」という変幻自在の曲者《くせもの》は、いったいどんなものなのでしょうか。

「紛争（conflict）」には定義があります。より正確には、「紛争解決論」の学術的議論において国際的に通用している定義がある、と言うべきでしょうか。それはだいたい次のようなものです。

「複数の当事者（multiple parties）が、相反する目的（incompatible goals）を追求する際に発生する状態」

もちろん国際的に定義が共有されていると言っても、法律や条約の条項で定められているわけではないですから、論者によって微妙な違いはあります。研究者であると、もう少しいろいろなことを付け加えて、長めの定義を持ってくる傾向はあるかもしれません。ただ、ほとんどの定義において、「紛争」の本質を構成する要素は同じだと思います。私の上記の定義は、コンパクトなものですが、その本質部分だけを切り取ったものにはなっているとは思います。

上記の定義で重要なのは、英語でも示した、二つの構成要素の部分です。端的に言えば、これら二つが存在している状態があれば、それが「紛争」状態だ、ということです。

複数の当事者

最初の要件は、「複数の当事者（multiple parties）」の存在です。「複数の当事者」が「紛争」状態の発生に必要な要件だということは、一人では「紛争」を起こせない、ということです。「紛争」は複数の人間がいるところでのみ発生する。つまり「紛争」は社会において発生します。「紛争」は社会科学者が扱う領域の概念だ、ということです。

紛争に複数の当事者がいるのは当たり前ではないか、と思ってくださるのであれば、この要件の説明は簡単に済ませてもいいかもしれません。ただ、確認しておくことは必要です。たった一人では「紛争」を起こすことはできない、というのは、どういう意味でしょうか。たとえば、心の中の葛藤とか、矛盾した気持ちとか、自分を責める感情などは、「紛争」の状態とはみなさない、ということです。

心の中の葛藤などは、心理学者に研究してもらいます。心理学は、大きな学問のカテゴリーで言えば、人文科学の領域に属します。文学で人間の機微にふれる描写などを深く学んでいる人たちのグループで、心の中の葛藤などの問題はそちらで扱ってもらうことになります。そういうときにあえて「紛争」という概念は持ち出しません。社会科学者だけが「紛争」を分析します。

私は、個人的には、一人の人間の心の中にも「紛争」と描写してもいいかもしれない状況が生まれる場合は多々ある、あるいはそれはむしろ常態なのではないか、とも思っています。ただいくら無限のパターンがありうると言っても、社会科学と人文科学を横断する「紛争」

概念を導入するのは、いかにも壮大です。そこで便宜的に、「紛争」という概念は、社会的文脈で用いるということに決めているのですね。

さて「複数の当事者」の要件で、もう一つ重要なことがあります。「紛争」を構成する「当事者」の最小数は、二だということです。ここで「当事者」とは、ある一人の人間でもいいですし、一つの人間の集団のことでもいいです。その「当事者」が二つあると、「紛争」が発生しうることになります。

実は「当事者」はいくつあってもいいので、一〇の「当事者」であろうと、一〇〇の「当事者」であろうと、「紛争」は発生しえます。現代世界のアフリカや中東などで見られる非常に複雑な武力紛争の事例になると、紛争当事者がいくつあるのか認定して数えるだけでも、大変な作業です。

皆さんがよく知っているだろう例でいうと、第二次世界大戦にいくつの国が参加していたか、知っていますか。だいたい六〇カ国くらいです。すごく多いですよね。中学や高校で歴史の授業で第二次世界大戦を勉強したのではないかと思いますが、六〇近くの国名を全部覚えている人は滅多にいないですよね。しかも当時のカナダやオーストラリアやニュージーランドは、本当に大英帝国とは別の独立国だったか、と問いかけたりすると、話はさらにいっそう複雑になります。

ですから定義の話をしているときには、「紛争当事者」の数に上限はない、ただし最低二の「紛争当事者」が必要だ、という点を押さえてください。それで、とりあえずは十分です。紛争解決論においては、「紛争当事者」ではない者のことを、「第三者（third party）」と呼びます。第三の人物、という意味ですよね。なぜ「第三」なのでしょうか。もちろん、「紛争当事者」の最低数が二だからですね。

それでは、もし「紛争当事者」が三あったら、「第三者」は「第四者」になるでしょうか？　なりません。たとえどれだけ紛争当事者が増えても、「第三者」は「第三者」と呼ばれます。当たり前の話のようですが、見方を変えると、奇妙な話です。「紛争当事者」が三つあったら、当事者ではない者は、四番目の人物または集団であるはずです。もはや決して三番目ではありません。それなのに「第三者」と呼ばれるなんて、おかしいのではないか、という素朴な疑問を持つ人はいませんか。

なぜ四番目になっても「第三者」と呼ばれ続けるのかについて、明確な理由はありません。そのような習慣がある、ということです。習慣の話ですから、私も誰かに聞いて確かめたわけではないですが、聞かなくても理由は容易に推察できるでしょう。紛争当事者の数にあわせて、いちいち言い方を変えていたら大変すぎます。「紛争当事者」の最低数が二であるということは、「第三者」は、最も基礎的な「紛争当事者」以外の者の数え方です。「第三者」は、絶対に「第一」や「第二」の者にはならない、だからもうずっと「第三者」でいいじゃないか、ということです。

「紛争当事者」の数には上限がありませんから、「第三」以上の数を数え始めたら、きりがありません。たとえば、ある「紛争当事者」である集団の中で内紛が起こり、分裂しながら「紛争当事者」の立場も維持すると、「紛争当事者」の数が一つ増えることになります。そうしたことが起こるたびに「第三者」を「第四者」とか「第五者」とかに言い換えなければならないとしたら、とても面倒です。しかも呼びかえたところで、何かが実質的に変わるわけではありません。そうだとしたら「紛争当事者」以外の者のことを、最低数である「第三」で呼ぶと決めてしまい、仮に「紛争当事者」の数が多かったり、途中で増えたりしても、そのまま「第三者」と呼び続けるやり方が、とても便利です。こういった事情から、習慣的に、「第三者」は「第三者」と呼ばれているのでしょうね。

図1　紛争の基本構図　（イラスト　PLUMP PLUM）

相反する目的

さて、紛争が発生するためには、複数の当事者がいなければいけないことがわかりました。というか、紛争とは、そのようなものだと、定義されていることがわかりました。

しかしもちろん、当事者が複数いるだけでは、定義として、足りません。当事者を「紛争当事者」にする要件が必要です。あるいは「紛争当事者」と「第三者」を分ける要件が必要だ、と言ってもいいでしょう。

それが「相反する目的（incompatible goals）」の要件です。「相反する目的」とは、相互に排除しあう複数の目的、という意味になります。決して、異なる内容の目的、という意味ではありません。

全く同じ目的が、相互に排除しあう「相反する目的」になる場合も多くあります。たとえばボスは一人だけしか存在しえない集団において、ボスになりたいという目的を持つ者が二人以上いる場合、「集団のボスになりたい」という複数の人間が持つ同じ内容の目的は、相互に排除しあう「相反する目的」となります。

いずれにせよ、この「相反する目的」を持っている者または集団が、「紛争当事者」です。紛争当事者に対して「相反する目的」を持っていない者または集団は、「紛争当事者」ではなく、「第三者」となります。

この「相反する目的」の認定が、「紛争」の定義を満たすのに、非常に重要であることがわかるでしょう。「紛争」が存在しているかどうかを見極める際、「相反する目的」を持つ者または集団がいるかどうかが、試金石になります。

「紛争」とは、定義上、一つの状態のことであると考えます。その「紛争」と描写できる状態とは、「相反する目的」を持つ「紛争当事者」が複数いるかどうか、で決定されます。いれば、「紛争」がそこにあります。いなければ、「紛争」はありません。

それでは、このように重要なものである「相反する目的」が存在しているかどうかは、いったい誰が決めるのでしょうか。

分析者が決めます。「紛争当事者」が自分で分析を行うか、「第三者」が分析するかにかかわらず、分析者が判断をして決めます。

「紛争」の存在は、分析によって判断されるものです。そのため、異なる分析が行われ、一方では「紛争」の存在が認定されても、もう一方では認定されない、といった場合も、起こり得るでしょう。究極的には、分析の数だけ、「紛争」の認定の仕方もありうる、と言っても過言ではありません。そこで、せめて共通の「紛争」の定義だけは共有し、「紛争」の存在の認定が妥当であるかどうかを相互にチェックできるような仕組みだけはとっているわけです。

「紛争」の存在は、「紛争当事者」の主観的な判断によっても、第一義的には左右されません。ある「紛争当事者」が自分は紛争状態にはないと主張しても、客観的に見て「相容《あいい》れない目的」を持っていると判断できる場合には、分析者はそこに紛争があることを認定します。「紛争当事者」にインタビューをして、「相反する目的をもっている」と答えてくれれば存在する、答えてくれなければ存在しない、というものではありません。

　定義を定めて「紛争」の存在の有無を認定できるようにするのは、分析者が客観的に紛争の存在を認定すべきだからでもあります。「紛争」は存在しない、と当事者に言われてしまうと、もう何もできなくなるのでは、とても紛争の分析など行えません。

ただし、常に第三者の分析者が正しいという保証もありません。分析には、質の違いがあるだけです。正確で優れた分析と、不正確で劣った分析がある、ということだけです。客観的な分析を心がけますが、究極的には、紛争分析は、より正確で優れた分析を求めて、永遠に続いていきます。

「相反する目的」の認定には、相当な調査や、慎重な判断が要請されることもあるでしょう。時に、紛争の存在の有無からして、難しい場合があります。しかしそれでも分析者が、責任をもって、調査をして判断をしていくしかありません。

紛争の遍在性

さて、上記のように定義される「紛争」の概念について、皆さんはどう思うでしょうか。なんだかちょっと抽象的だな、と思うでしょうか。言わんとすることはわかるけど、どこかピンとこないところもある、といった気持ちを持つ方もいらっしゃるかもしれません。

あるいは、こんな定義じゃ、そこら中にたくさんの紛争があることになってしまうではないか、と心配される方もいらっしゃるかもしれません。紛争解決といっても、そんな広い定義を用いていては、いつまでたっても紛争がこの世から根絶されないではないか、とお怒りになられる方もいらっしゃるかもしれません。

　いずれも正しい見方です。この汎用性の高い、つまりどんな場面でも当てはめることができる「紛争」の定義を用いると、どんなところでも、人間が複数いる場面でさえあれば、「紛争」が発生しうるのです。

　つまりこれが「〇〇紛争」という形で、様々な種類の形態を受け入れることができる極めて汎用性の高い「紛争」という概念の定義なのです。国際的な「紛争解決論」の学術的議論の場で用いられ、国際機関等の紛争解決の実務に携わる人たちが用いている「紛争」という概念を基礎づけているのは、このような定義なのです。

　あるいは読者の中にも心配される方がいるかもしれないように、この定義を用いて「紛争」の存在を見極めるとなると、世界の隅々にまで「紛争」が遍《あまね》く広がっていることになります。普通の人の日常生活の中にも「紛争」があふれていると言っても過言ではありません。

　しかし、まさにその世界観が、「紛争解決論」の出発点です。この世界観に根本的な違和感を持たれる方は、「紛争解決論」にあまり向いていない方かもしれません。

　学問分野に向き不向きを要求するなんてひどい、と思われる方もいらっしゃるかもしれません。しかし実際には、あらゆる学問分野に、そのようなものはあります。物質に質量があることを信じないまま、物理学を学ぼうとすることには意味がありません。法律が人間社会を律することに反対したまま、法学を学ぶことは非生産的でしょう。人間が利益を求めて行動することを否定したまま、経済学を学ぶことは不可能です。人間が社会的な動物であることを嫌ったまま、政治学を学ぶことは苦痛でしかありません。同じように、紛争解決論を学ぶ場合には、この学問分野が前提としている世界観を理解していただく必要があります。「紛争解決論」の世界観は素晴らしいものだと称賛したり、世界から紛争をなくす処方箋だなどと誤認したりする必要は全くありません。そんなことは、全く有害です。ただ、世の中に「紛争」というものがある、それは世界に遍在している、という世界観を受け入れないと、「紛争」に関するこれまでの議論の蓄積を受け継いでいくことが難しくなってしまいます。「紛争解決論」を学ぶという目的に沿った範囲内で、この学問分野が前提にしている世界観を理解していただく必要があります。

ここでもまだ納得しない方がいらっしゃってくれたら、大変にありがたく思います。なぜそんなことまでして「紛争解決論」を学ばなければいけないのかわからない、という疑問をぶつけてくれる方がいらっしゃったら、とても嬉《うれ》しいです。なぜ学ぶのか、が判然としなければ、全ての議論が釈然としないものになってしまいます。

一つ言っておきますが、私は決して皆さんが「紛争解決論」を学ばなければいけない、とは言いません。学びたくない方は、一生涯を通じて「紛争解決論」に近づかないようにすることは可能でしょう。ただ、私は、「紛争解決論」を学ぶことに何か意味がありますか？　という質問をしてくれる方に、何らかの答えを出したいとは思っています。そうでないと「紛争解決論」について本を書いている私の立場も意味のないものになってしまいますからね。

皆さんは、家族の中で、学校の友達との関係で、職場の同僚と付き合っていく中で、「紛争」が発生する、と思いますか？　言われてみれば、これまでも「紛争」のようなものがあった、あるいは今後もそのようなことがあるかもしれない、と思いますか？　もし思う場合、「紛争」への対応で疲弊して摩耗し続ける人生よりも、少しでも上手《うま》く「紛争」に対応していく人生のほうが望ましいとは思いませんか？

もし思うのであれば、皆さんには「紛争解決論」を学ぶ準備があります。

「紛争」は、世界に遍在しています。われわれの日常生活の中にも、そこら中に「紛争」は存在しています。そんなふうに考えず、「紛争」が遍在しているという世界観を拒絶する生き方もあるでしょう。でも、一度「紛争」が遍在している世界を受け止めたうえで、どうやったらそんな世界で少しでも上手く生きていけるのか、を考えていく生き方もあるでしょう。「紛争解決論」が推奨するのは、後者の生き方です。

「紛争解決論」の世界観

「紛争解決論」の世界観では、人間が複数名集まると、「紛争」が生まれやすくなる、と考えます。複数の人間たちが持つ目的が常に完全に調和し、相反する要素が全く生まれない状態は、非常に珍しい、と考えます。家庭でも、学校でも、職場でも、「紛争」があるのが当然で、「紛争」がない状態のほうが稀有《けう》だと考えます。

ただそのことを冷静に受け止めた後で、そのような「紛争」があふれた世界の中で、上手く生きていくことを考えます。どうしても解決したい「紛争」の解決を模索します。もし解決が難しいのなら、それでも最悪の事態を招かないようにするための管理の方法を模索します。紛争によりよく対応する努力を積み重ねていくことによって、より充実した生活が送れるようになるはずだと考えて、分析し、立案し、行動していきます。

「紛争解決（Conflict Resolution）」は、正しくない言い方だと考える人もいます。代わりに「紛争管理（Conflict Management）」という言い方を好む人もいます。なぜなら究極的にはこの世界から「紛争」を根絶することができないのだから、われわれが目指しているのは「解決」というよりも「管理」だというわけです。

あるいはより積極的には、一つの紛争を解決しようとすることによって、新しい次元の生活を作っていくことができるのだから、「紛争転換（transformation）」と考えていくべきなのだ、といったことを強調する人もいます。

「紛争解決」なのか、「紛争管理」なのか、「紛争転換」なのかは、いわば表現の問題であって、いずれの表現を採用する場合でも、内容はそれほど大きくは変わりません。前提にしている世界観が同じだからです。

本書では「紛争解決」という言い方を使っていますが、他の言い方に偏見があるわけではありません。一番よく用いられる言い方が「紛争解決」なので、なじみやすいだろうという理由で使っています。

欧米の大学に行くと、あるいは特に英米圏の大学に行くと、「紛争解決論」という授業があることが、それほど珍しくはありません。「紛争解決学部」というものでないとしても、「国際関係学部（Department of International Relations）」において体系的に「紛争解決論」が教えられている場合や、「平和学部（Department of Peace Studies）」においてさらにしっかりと「紛争解決論」が教えられている場合が少なくありません。

これに対してほとんどの日本の大学では、「紛争解決論」が体系的に教えられていません。時には関連する議論が参照されることがあるとしても、「紛争解決論」が前提にしている世界観のところから体系的に教えてくれる大学は珍しいのではないでしょうか。

機会がないという点で、それは非常に残念なことです。少し踏み込んで言えば、日本人が国際社会で活躍するためにハンディにもなりかねないほどに、残念なことです。なぜなら国際社会の中枢は、「紛争解決論」を学んだ者たちによって動かされている、とすら言えるからです。いささか大げさな言い方かもしれません。しかし「紛争解決論」が前提としている世界観こそが、国際社会の影響力ある層が前提としている世界観です。

日本人は、国際的な場面で曖昧に振る舞うといった評判を与えられがちです。その背景に、「紛争」を避ける性癖があると言われます。主張をぶつけ合いながら、うまく状況を管理する技術を磨いていない傾向があると指摘するのは、それほど的外れではないかもしれません。

国際的な場面に行くと、なぜこの人たちは衝突を恐れず、自己主張を繰り広げるのだろうか、と思うような外国人に出会う機会も多々あるでしょう。そんなとき、外国人は野蛮なのだ、と思うのも、一つの生き方です。他方、ある種の世界観が違うのだな、と考えて、国際的な場面では国際的に主流となっている世界観に従って生きるように心がけることも、一つの生き方です。「紛争解決論」に興味を持つのは、後者の生き方に関心を持つ人たちです。

このように考えると、紛争解決論とは、人間の生き方に関する学問分野であり、非常に哲学的であると同時に、実践的なスキルについての学問であるということがわかります。

紛争と付き合いながら生きる

紛争を「解決」できなくても、紛争を「管理」することを考える、という考え方は、世の中のいろいろな場面で応用されます。たとえば二〇二〇年初頭から世界を席巻《せっけん》している新型コロナウイルスをめぐる議論でも、似たような話を聞くことがありませんか。

ウイルスの根絶には、画期的なワクチンが必要です。ところがワクチンの開発は簡単ではありません。仮に何らかのワクチンが開発されても、それはせいぜい致死率を下げる程度のもので、ウイルスを根絶するものではないかもしれません。あるいは仮にその効果が確かだとしても、全世界の人々に供給するには莫大《ばくだい》な資金、何年にもわたる長い時間が、数多くの人々の多大な労力と合わせて、必要になってくるかもしれません。そのプロセス自体が壮大な一つの「管理」を要請するものかもしれません。

世の中の問題で、何か画期的な方法一つで、一夜にしてすべてが解決されるものは、むしろ非常に稀《まれ》です。時間とお金と労力をかければ全て解決できるわけではなく、改善を目指しながら悪化を防いでいくことが妥当である場面は、多々あります。

紛争問題は、そのような問題の典型でしょう。そもそも紛争の定義からすれば、紛争が世の中からなくなることは、ほぼありえません。ある一つの具体的な紛争に焦点をあてても、人間関係が複雑に展開する紛争の状況を、一朝一夕に簡単に解決できることは稀です。

しかし何らかの解決や、あるいは悪化を防ぐための管理を諦めてしまえば、状況はいっそう悲惨なものになっていく恐れがあります。紛争の解決でなくても、紛争の管理ができれば、それで十分に評価することができます。

新型コロナは根絶できないということを理由にして、感染予防の努力を放棄してしまえば、悲惨な結果が待っています。撲滅できなくても、管理を目指していくしかありません。感染拡大や死者数を抑制することができれば、それで十分に評価することができます。

紛争解決論が前提にしているのは、紛争は人間の生活に偏在しているということです。そのため紛争解決論は、どのように上手く紛争と付き合っていくか、という問題を扱うことになります。

おわりに

ここまでの議論をまとめてみましょう。

「紛争」は世界に遍在しています。「紛争」は生活の一部です。「紛争」には様々な種類があります。極めて悪質なものもあれば、必ずしもそうでもないものもある、と言ってもいいでしょう。

したがって「紛争」への対応には様々な種類があることになります。どんな場面でどんな対応が最善かを常に考えなければならない、と言ってもよいでしょう。

「紛争」は人間の生活に必然的に発生するものだと捉え、「紛争」によりよく対処するための方法を準備しておくこと。それが「紛争解決論」が推奨している態度です。

コラム　ポーツマス条約に見る第三者の位置づけ

一八六八年の明治維新以降、急速な近代国家建設を進めた日本の目標は、欧米並みの国家になるということでした。明治期の日本人は、国際法をよく勉強し、不平等条約改正のためにも国際法遵守の行動をとることに気を遣いました。よく知られているように、日露戦争中のロシア人捕虜の取り扱いは模範的なものでした。

日露戦争の遂行は、日本にとっては極東におけるロシアの南下政策を止めることが目的でしたので、開戦から一年ほどの間に可能な限りの戦果をあげたら、長期戦になってロシアに有利になる前に、講和に持ち込むことが必須でした。そのための第三者調停者として日本が用意していたのは、アメリカのセオドア・ローズベルト大統領でした。日本は、困難な戦争を終わりにする方法についても、よく準備していたと言えるでしょう。

アメリカは紛争当事者ではないので、疑いなく第三者です。しかしロシアの南下政策を懸念していたという点では、日本寄りの立場をとっていました。もっともポーツマス条約にあたって、必ずしも強く日本寄りの立場を取ってくれたわけでもありませんでした。日本は、戦争の早期終結という目的を、第三者調停をアメリカに依頼するという手段を通じて、達成しました。しかしアメリカを調停役にすると、もっと有利な講和条件を引き出せるのではないかという期待は、裏切られました。アメリカにしてみれば、ロシアの南下が止まったうえで、日本の勢力が強くなりすぎないくらいがちょうどよかったのでしょう。アメリカは、ポーツマス条約締結後に、満州鉄道の敷設に関与しようとしましたが、日本に断られてしまい、その後、急速に反日的態度をとっていくようになります。

アメリカは、第三者調停者でありながら、明白な利害関心を持っていたという点で、完全な中立者とは言えない存在でした。アメリカはアメリカなりに計算して動いていた、と言えます。もちろん計算があったからこそ、調停者の役割を引き受けて、熱心に関わろうとしたわけでもあります。

今日でも、調停の関与をする第三国が、いつも完全に善良な中立者であると言えるわけではありません。国家には、当然、明白な国益があり、その観点から調停を引き受けるからです。現実を見ると、紛争当事者と言い切るほどではないとしても、実際には当事者と相反する利益や共有する利益を持っていないわけでもない場合が、少なくありません。

二〇世紀以降は国際機関が調停役を担う場合が多々あり、その場合のほうが中立性は高くなります。ただし国際機関の調停には、政治的圧力や駆け引きの点で物足りさが残る傾向があり、国際機関が劇的な和平調停に成功した事例は決して多くありません。実際には中立性に疑いがある第三者であっても、政治力を発揮して調停をまとめ上げる場合も多々あります。

第三者性の認定は常に相対的であり、その第三者としての中立性は重要な要素です。その一方で、中立的であればあるほど調停が成功しやすくなるとは必ずしも言えないのも、紛争解決の難しいところです。

第2章　紛争分析の視点

紛争を知る

第1章では、紛争解決論が、どのような考え方を前提にしているのか、最初の出発点の話をしました。この章では、基本的な考え方を現実に応用するにあたって、紛争解決にどのような方法のパターンがありうるのか、考えていきたいと思っています。

紛争を解決するためには、まず何をしなければならないでしょうか？　とにかく笑顔を忘れないことでしょうか？　相手の話をよく聞くことでしょうか？

そうですね、必要なことや、有効であるかもしれないことは、たくさんありますね。どれが、いつ、どれくらい意味があるかは、そのときどきの紛争の様子によって変わってきそうです。

一般論としてまとめて言えば、紛争を解決するために、とにかくまず必要なのは、紛争を知ることではないでしょうか。

そもそも紛争が起こっているのに、起こっていることに気づいていないような場合があったら、特に深刻です。他人から恨まれて攻撃されているのに気づいていないとか、喧嘩《けんか》している二人の人たちが仲良しに違いないと思って話しかけてみたら怒られた、などといったことが起こると、皆さんの人生はとてもややこしいものになります。まず紛争の存在に気づきましょう。

また、紛争が起こっていることは知っていても、たとえばその紛争がどのようなものかを知らないまま紛争に関わっていくとしたら、とても危険ですよね。突然に自分が紛争に巻き込まれてしまったような場合など、ゆっくりと紛争の様子を観察する余裕がない場合でも、とっさに一番重要な要素を見極めないと、大変なことになります。たとえば紛争が起こっているのを止めようと思って介入したら、自分が飛びついたのは紛争の当事者ではなかった、などといったことが起こったら、大変なことになります。

そもそも紛争が起こっていることに気づく、そしてどんな紛争が起こっているのかを見抜く、それは紛争解決の不可欠の第一歩です。つまり、紛争を知る、ということが、紛争解決の第一歩です。

それでは、紛争を知る、というのは、どういうことでしょうか。第1章で、紛争の定義を示しました。紛争とは、複数の当事者が、相容《い》れない目的を持っている状態だと定義されます。相容れない目的を持っていない者は、紛争当事者との関係において、第三者と呼ばれる立場にあることになります。紛争を知る、というのは、複数の当事者が相容れない目的を持っている状態にあることを見抜く、ということです。そしてまずは、誰が紛争当事者で、どのような相容れない目的を持ちあっているのかを見抜く、ということです。

この第一歩の作業を行ったら、次に、紛争をよりよく知ることが、紛争解決をよりよく行っていくことにつながります。紛争を深く知っていれば必ず紛争解決を導き出せるというわけではありませんが、紛争解決に至る確率は高くはなるでしょう。絶対保証ではないことはもちろんですが、深く知れば知るほど、より良い紛争解決に至る確率は、全く知らない状態のときよりも、高くなると想定されます。様々な解決方法を、より適切に実施していくことが可能だからです。少し整理した表現で言い換えると、紛争解決は紛争分析から始まる、ということです。

相容れない目的

さて、それではどのようにすれば、紛争を深く知っていくことができるでしょうか？　関係している事柄を全てなるべく深く知っていくべきなのですが、優先順位をつけるとしたら、まずは紛争の中枢的部分に関する知識が大事でしょう。つまり紛争当事者と、相容れない目的です。

紛争当事者をよりよく知っていくことが、紛争分析には必須です。そして紛争当事者を紛争当事者としてよりよく知っていくためには、相容れない目的という、紛争を作り出している要素をよりよく知っていくことが必須になります。

ある紛争当事者は、別の紛争当事者と、なぜ相容れない目的を持つに至ったのでしょうか？　ひょっとしたらその人がわがままだから、別の人が悪人だから、ということはあるかもしれません。ただ、わがままとか、悪いとかというのは、客観的な分析になじまない主観性の強い尺度ですね。

そこで通常、紛争解決学における紛争分析では、「利益（interest）」という概念を用いて、紛争当事者が相容れない目的を持っている様子を把握しようとします。わがままであるか、悪人であるかは、わかりません。ただ、人間であるからには、何らかの利益を持ち、それを求めて生きていることでしょう。その人間が利益を求める過程の中で、やはり利益を求めて生きている別の人間と遭遇し、時には、あるいはしばしば、お互いの利益が相容れない状態を作り出します。それが紛争と呼ばれる状態です。

このような意味での紛争の分析においては、誰が悪いのか、といったことは問題にしません。紛争解決学では、紛争を悪いものと考える視点を前提にはしません。人間は誰でも自分なりの利益を持ち、それを求めて生きていますから、その結果としてやはり自分の利益を求めて生きている他者と摩擦や衝突を起こすことは、根本的には致し方のないことです。こうした意味での紛争状態の発生を避けようとしたら、利益を求めて生きるという人間としての基本姿勢を放棄しなければなりません。でも、そんなことはできませんよね。利益が、野心的なものであれ、地味なものであれ、どんなものであっても、人間は何らかの利益を求めて生きているものです。全ての利益を放棄すると宣言してみても、お腹がすけば食べるものを確保するという利益を満たさなければなりません。それも放棄しなければならないとしたら、生きていくこと自体を放棄しなければなりません。全ての人間が死んでしまえば人間同士の紛争はなくなる、という推察は、人間と人間の関係を扱うものとしての紛争解決学にとっては、全く何の意味もない考え方でしかありません。

「立場」と「利益」

こうして紛争解決学では、相容れない目的を発見し、その背景にある利益の相克をとらえる分析をします。なお、利益というのは、紛争当事者が本当に欲しているものです。それは公に表明されているかどうかはわかりません。公には少し違うことが語られているかもしれません。紛争当事者が公式に表明している考え方を、紛争解決学では、「立場（position）」と表現し、利益とは区別します。「立場」の分析は、基本的に紛争当事者の自己説明の分析になります。これに対して利益の分析には、紛争当事者の表向きの言説の分析だけでは足りません。分析者の踏み込んだ識別が必要です。

たとえば、領有権について隣国と争いがある島の領有について、ある国Aが「島は我が国の領土であり、そこに領土紛争は存在しない」と主張するとしましょう。これはその国Aの「立場」になります。その背景には、島の領有権を確実にしたいという国家Aの利益があります。ところが隣国Bもまた同じ島に対する領有権を主張し始めた場合、両国に領土をめぐる紛争が発生することになります。これに対して国家Aは、気づかぬふりをして、依然として領土問題は存在しない、という立場を貫くかもしれません。隣国Bは、おい、とぼけるな、こっちは領有権を主張し始めたんだ、と苦情を言います。それに国家Aが気づかない、ということはないでしょう。ただ公式にそれを認めると調停を入れたりしなければならなくなりますので、領土問題は存在しない、という立場を維持し続けるわけです。ここでは領土問題は存在しないという主張が、国家Aの「立場」です。公の主張として重要なのが「立場」です。各紛争当事者の「立場」を無視して、紛争分析はできません。ただし、国家Aの関係者ですら、実際には領土問題は存在しているということを知っているという意味では、「立場」だけで紛争分析をするのは全く不十分です。領土問題があることを知っているのに領土問題は存在しないという「立場」を貫く事情も知らなければなりません。つまり「利益」を分析しなければなりません。恐らく国家Aは、領土は減らないほうがいいという「利益」を持っています。そのために自国が実効支配している島の領有権を白紙に戻すことは、得られるものが何もない代わりに領土を失うリスクだけを作り出すマイナスの要因しかないという計算をして、領土問題は存在しないという「立場」を維持するのでしょう。

分析者が、国家Aの外交官にインタビューをして、「本当は領土問題があることを知っているんだろう、だったら真実を認めろ！　領土問題はあると認めろ！　認めてくれなきゃ、紛争分析ができないから困るんだ！」と詰め寄ることには、何も意味はありません。分析者は、国家Aの「立場」を確認した後、国家であれば当然持っているだろう「利益」の存在を推定して、分析をします。「立場」と「利益」は違う次元にありますが、相互に結び付いていますので、「立場」を踏まえて「利益」を推察することになります。情報収集して把握するのが「立場」のレベル、情報を解析して推論するのが「利益」だという言い方もできるでしょう。いずれにせよ、紛争当事者の「立場」と「利益」を明らかにして、初めて紛争分析者は分析と呼ぶに値する作業を紛争当事者に対して行ったと言えることになります。

このように紛争当事者の立場と利益を分析する視点を導入したとき、利益よりもさらに深層に「必要（needs）」という位相を設定する場合があります。人間が生きるにあたって必要なものという趣旨です。上記の例示を用いれば、国家Aがなぜ領土を維持したいという利益を持つのかと言えば、究極的には領土がなくなってしまえば国民が生活する場がなくなってしまう、あるいはたとえ無人島でも失えば影響を受ける国民がいるし再発を誘発してしまうかもしれないので困る、という国家生存の必要性のことでしょう。

これらを図にすると図2になります。

もちろん個々の紛争当事者をよく観察して紛争分析を深めていく手法は、このアプローチだけに限りません。たとえばある紛争当事者の法的性格、つまりある紛争状況において、どのような権利・義務を持っているのかを観察しながら、政治的性格、つまりある紛争状況に

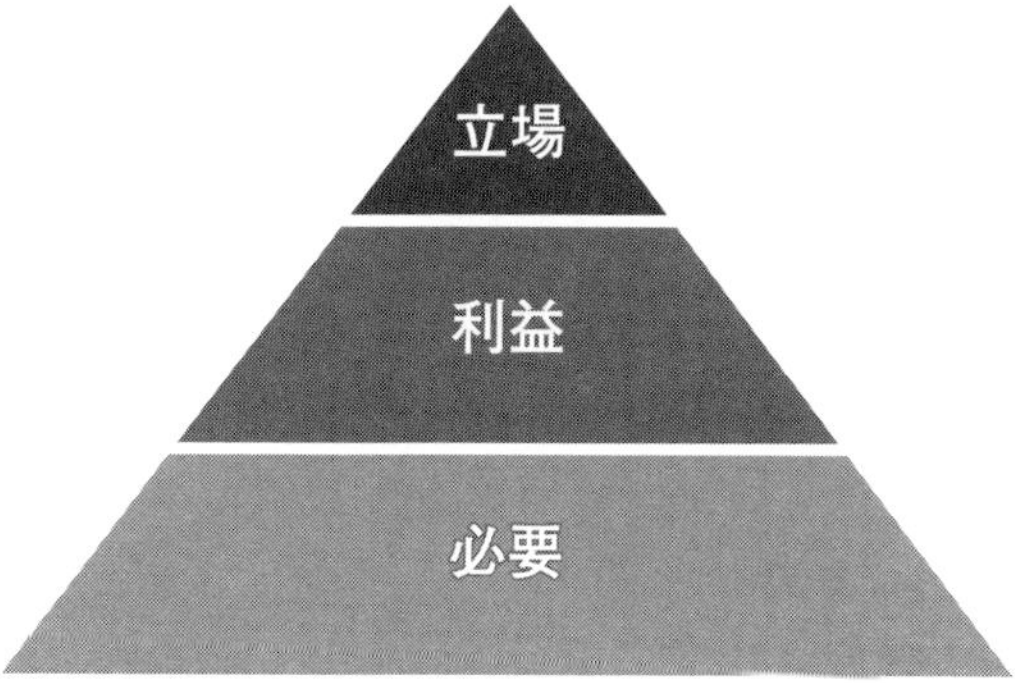

図２　紛争当事者の分析枠組み

いてどのような力（power）を持っているのかも観察していく、といった着眼点もあります。紛争解決学と親和性が高い国際政治学の分野における古典的な分析の視点では、あるアクターの（政治的・経済的などの）力と利益（国益など）に注目するやり方です。たとえば、古典的な国際政治学者であるハンス・モーゲンソーは、権力政治の国際政治を、国益の拡大を求めて衝突しあう諸国家が織りなす世界として理論化しました。

　それにしても「立場」と「利益」を抽出する紛争当事者の分析は、紛争解決学においてはもっとも一般的なものです。なぜそうなのかと言えば、紛争の解決を、利益の調整と捉える考え方が一般的だからです。紛争の本質は、紛争当事者が持っている相容れない目的なので、紛争の調停とは、その相容れない度合いを軽減する作業だということになります。目的を支えている

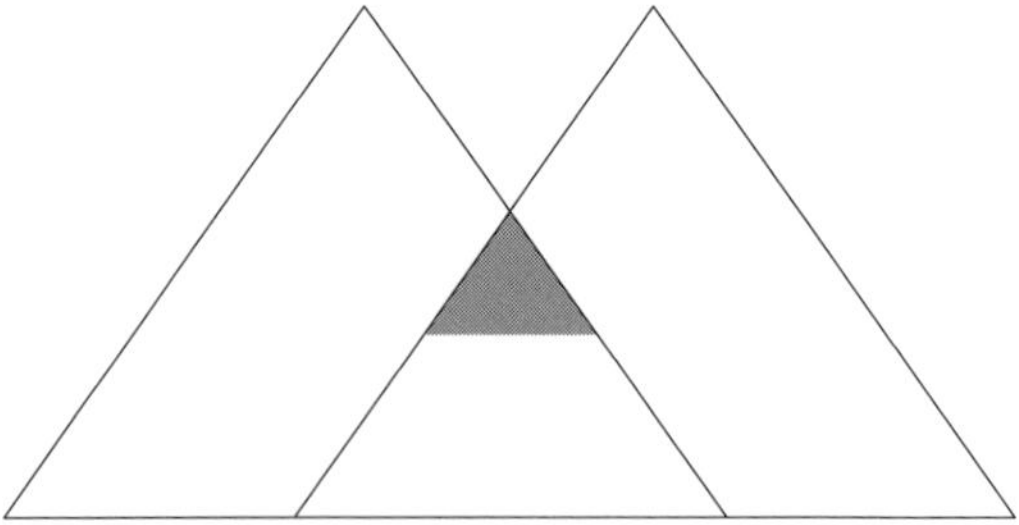

図3　利益調整としての紛争解決

各紛争当事者の利益に着目し、最初は接点がなく反発しあうような二つの利益について少しずつ重なり合う部分を作っていければ、少しずつでも紛争の深刻度は和らいでいくのではないか、そう考えるのが、紛争解決の考え方の基本です。

利益の調整を紛争解決の道筋と考える方法を進めるためには、まずもって立場と利益の識別が必要になります。確認していない利益を調整することは、基本的に不可能だからです。図2を二つの紛争当事者で重ね合わせて、利益調整としての紛争解決のイメージとしているのが、図3です。

もし二つの紛争当事者の立場と利益が矛盾なく重なってくると、紛争解決が図られたということになります。領土問題は存在しないと言っていた国家Aが、自らの利益の認識を変更し、島の領有権を別の国家Bに譲渡することこそが国家Aの利益であると確信すれば、紛争状態は終結し、紛争解決が実現したことになります。

現実には、物事がそのように劇的な変化を見せて単純に進むことは稀《まれ》です。むしろ少しずつでも相容れない目的の間の乖離《かいり》が埋まり、重なり合う部分ができて広がり、紛争状態に緩和の兆しが生まれれば、紛争状態を改善したと評価していいですね。ただそれだけでは、改善はあっても紛争が終結して解決したとまでは言えません。そこで概念設定として、紛争解決という捉え方を避け、「紛争管理」という言い方が好まれる場合があるわけですね。最初からより現実的な目標を設定する意図で、解決ではなく、管理を目指す、ということを明らかにする趣旨です。

紛争解決を目指していても、実際には管理を進めていくことになることが多いです。紛争は解決しなければならないと過度に思い込むことの非現実性と負担を考えると、紛争管理という概念を用いていったほうがいい場合が多々あることは確かでしょう。

交渉

自らが紛争当事者になったときに、紛争解決や紛争管理と同じ考え方を適用していく場合には、交渉という概念を用います。紛争解決・紛争管理と交渉は、全く違うものであるように感じることもあるかもしれませんが、実は紛争分析の段階では、やることは同じです。交渉の場合には、自分が当事者になっているので、自分自身を含めた紛争当事者の立場と利益を分析することになります。そしてその分析をもとにして、自分と相手方の利益の調整を図ります。それが交渉です。

邦訳で『ハーバード流交渉術』という題名になっていますが、原題で『Getting to Yes (Yesを引き出す)』という古典的なビジネス書があります。ハーバード大学には交渉術に特化した大学院コースがありますが、交渉術を学問的に研究する第一歩は、交渉とは利益の調整だ、というテーゼを理解することです。

一般に交渉で目標とすべきは「ウィン・ウィン (win-win)」関係だとされます。どちらか一方だけが勝利するシナリオを進めても、強制的に行うわけではない交渉では、うまくいきません。そこで双方が勝利をするシナリオを考えていくべきだというのが、「ウィン・ウィン」という概念の意味なのですが、これは紛争解決の考え方と同じです。なぜなら双方が勝利するシナリオとは、片方が一方的に自らの利益を追求することなく、双方の利益が確保され、増進されるようなシナリオのことだからです。そのような双方の利益の同時確保は、利益を識別し、調整を図っていくことによって導き出されます。こうした意味で、交渉とは、第三者がいない状況での紛争当事者の利益調整のことで、広い意味での紛争解決/紛争管理の一部なのだと言うことができます。

なお現実に紛争分析を行う際には、さらに追加的な分析対象として、紛争当事者を取り囲む外部要因も分析の俎上《そじょう》に載せていくことは普通です。一般に物事を分析する際には「5W1H（what, why, who, when, where, how）」をチェック項目にすると良いとされますが、紛争分析一般も同じです。必ずしも紛争当事者であるとは言えないとしても紛争の構図に深く関わる第三者の分析や、影響を与えうる政治的・経済的・社会的環境の分析などは、重要です。

このように紛争当事者を分析する手法としても、利益を把握するという基本から、内的性質や外的環境を組み合わせて見ていく応用まで、視点の幅は広いです。それぞれの紛争当事者にどの程度の焦点をあてていくか、また、どれくらい手間をかけてしっかり分析するか、という実際の状況に応じて、分析の手法も選択していくということになります。

いずれにせよ第三者が調停に入る場合であれ、当事者が交渉を進める場合であれ、紛争解決の目標・方法・手段をよく認識して分析しておくことが、重要です。

紛争対応の方法

少し話がややこしくなってきたかもしれません。それほど難解なことを言っているつもりはありませんが、いろいろな視点があります、といった言い方で説明する事柄が増えてきました。実際の紛争状況の分析は、日常生活で実利的な目的のために行う場合、仕事で社会的現象を分析する場合、分析官として武力紛争などの国際的な現象を分析する場合など様々な状況で行われます。そのつど、適切なやり方で分析していくことになります。これは応用政策領域としての紛争解決論が持っている実践的な特性によるものです。ただ、学術分野としてはいささか曖昧であるという印象を与える理由でもあるかもしれません。紛争分析の応用分野が無限だという点は、学術的な精緻さを求める方には不満を覚える点かもしれませんが、同じ紛争を分析するという視点を様々な実践的問題に応用していくことに関心がある方には興味深い点であるかもしれません。

英語の「conflict resolution」という語で本の検索をかけてみると、たくさんの書籍がヒットしてきます。その中には武力紛争に対応するという意味での「conflict resolution」もだいぶ含まれているはずですが、それだけではありません。一度やってみてください。国際政治系の紛争解決の本に加えて多いのは、おそらく学校教員向けのような本に「conflict resolution」という題名が入っている場合でしょう。さらには企業人向けのビジネス書に「conflict resolution」という題名が入っている場合や、法律実務者向けのガイドブックに

「conflict resolution」という語が入っている場合も、少なくないことがわかるはずです。これはどうしてかというと、英語の「conflict resolution」は、学校における生徒間の紛争、企業間や職場内の紛争、民事裁判などの法的紛争なども、応用対象として含めているからなのです。

たとえば、学校における生徒間の争いも、やはり相容れない目的が存在しているという意味での紛争に該当します。もし皆さんが学校の教員になったら、生徒間の紛争にどう対応していくかという難しい問いに直面しますね。理想的には、クラスの中の第三者の大多数の生徒も一緒に解決策を考えていけるような学びの時間も作ってみたいかもしれません。そんな学校の先生のために、紛争分析の着眼点や、紛争解決を学びに変えていく方法などが書いてあるはずなのが、学校教員向けの紛争解決の本です。ビジネス本における紛争解決であれば、企業間の紛争や職場内の紛争を、どう分析して処理していくかが、書かれているはずです。法務実務者向けの本では、民事裁判などの法的紛争をどう処理していくべきかの考え方が書かれているはずですね。

おわりに

残念ながら、日本にはまだまだ紛争解決の考え方を実践的な場面で応用するための本が少ないと言わざるを得ません。ですから、私のこの紛争解決論の授業で学んだことを活《い》かして応用していくのは、相当程度に皆さん自身の努力による、と言うこともできます。

いずれにしても、紛争解決にあたっては、まず紛争を分析することが必須です。どの分野で紛争を分析するかにかかわらず、同じでしょう。

ただし分析は、紛争解決学では、それ自体としては完結した意味を持つ作業ではありません。なぜなら分析が重要なのは、あくまでもより良い対応を考えるためだからです。

実践的な対応につながっていかない分析は、紛争解決学の実践的な問題関心の観点からすれば、あまりよくない分析です。常に適切な応用の仕方への展開を意識して、分析の手法を設定していくのが、紛争解決論の考え方です。次章では、こうした視点から、さらに紛争対応の方法論について話していきたいと思っています。

コラム　紛争解決の事例としての薩長《さっちょう》同盟

日本の歴史の中からわかりやすい紛争解決の事例を探したいな、と思っても、なかなかいい題材がないいな、と思ってしまいます。例外は明治期の外交くらいです。その前の時代は、「赤穂浪士」的な紛争によって紛争を終わりにする世界ですから、紛争解決論的なアプローチというのは、なかなか主流ではなかったのだろうな、と感じます。

異色の存在は、坂本龍馬《りょうま》です。土佐藩を脱藩して、浪人として生きていた龍馬にとって、知識だけでなく技能の取得は、死活的な関心事項だったのでしょう。龍馬が設立した海援隊の船舶が、紀州藩の船舶に衝突して沈没した後、龍馬は当時の日本人が目を白黒させたに違いない欧米輸入の「諸国民の法（Law of Nations）」を持ち出して、有利な賠償金を勝ち取りました。

龍馬が日本の歴史を変えた事件として知られているのは、「薩長同盟」ですね。同じ幕府から距離を置く雄藩でありながら、過去の経緯から、薩摩《さつま》と長州は犬猿の仲でした。しかし日本の未来のためには、薩摩と長州の和解が必要だ。そう考えた龍馬は、桂小五郎と西郷隆盛という有力者を話し合わせるセッティングに尽力します。

どこか不思議なところがある薩長同盟については、いまだ歴史家の間で論争があり、龍馬の調停者としての役割もはっきりとはわかりません。ただ、利益の調整が行われたことは確かです。

薩長両藩ともに自藩の中に路線対立を抱えていましたので、「同盟」路線は、際どい情勢分析の中で行われました。第二次長州征伐の前夜にあって、薩摩の幕府に対する立ち位置が大きな問題でした。そんな中、一八六六年一月、薩摩藩の西郷らは、あえて長州征伐に加わらず、幕府側の勢力をけん制する立場をとることを長州藩の桂小五郎《かつらこごろう》に約束します。それが後に薩長同盟の端緒《たんしょ》とみなされるようになった覚書の具体的な内容でした。

重要だったのは、このときに、薩長両藩はともに天皇中心の「皇国」のために尽力する、という大きな方向性の確認がなされたことでしょう。相容れない目的を持つ当事者が交渉をするときには、まず共有できる目標の確認を行います。各論で相容れない立場を持っていることが明らかな場合こそ、より高い次元で共有できる目的がないかを確認する作業が極めて重要になります。一八八六年一月の覚書では、この作業が明確になされました。

そのうえで、ともに戦う約束まではしないまでも、幕府側勢力に協力しないことが皇国の道であることが両藩の間で確認されたのは、共通の利益の具体化という点で、重要でした。模範的な交渉／調停プロセスであったと言えるでしょう。

薩長同盟の準備としては、より実利的な利益の共有策も図られていました。長州藩は、幕府による禁輸によって武器が購入できない状態にありました。薩摩藩の名義で武器が購入できるようになったことは、長州藩にとって巨大な利益の確保でした。武器の決済は、長州藩が米で十分に行うことになっており、それで江戸への交通路にある長州との敵対的関係の解消ができるのであれば、薩摩にとっても利益は大きかったと思われます。

一般に薩長同盟の端緒と評される一八八六年一月の覚書には、龍馬の名前が保証人として記されています。なぜ龍馬が、このような重要合意の保証人になれたのでしょうか？　それは龍馬がイギリス籍のグラバー商会とつながっていたことも背景にありますね。武器貿易の面で龍馬は特別な立場にありました。龍馬の海援隊にとっても利益がありました。もちろんグラバー商会にも、大きな利益がありました。維新後にグラバー商会は長崎を本拠地にして、政府相手の広範なビジネスをして大成功を収めました。薩長

——同盟は、関係者にとってwin-win-win-winと言っても過言ではないような内容を持っていたのです。——

第3章　紛争対応の方法

前章では、紛争分析の基本的な考え方を説明しました。そして、分析をするのは、紛争によりよく対応するためである、ということを強調しました。そこで本章では、紛争に対応することについて、話を進めていきます。

紛争対応の方法は、無限です。普遍的に妥当な紛争対応の仕方は存在しないので、個々の紛争に一番適していると思われる対応の仕方を判断していくのが基本です。

したがって、一般論としての紛争解決学の話をする場合に強調しておかなければならないのは、第一に、紛争解決の方法は無限に開かれた可能性を持っていることを念頭に置くこと、第二に、数限りない紛争対応のオプションの中から最も妥当と思われる選択肢を選んでいく努力をすることです。妥当性とは、合理性です。紛争解決の方法を判断することは、最も妥当な利益調整の方法を合理的に推論することです。

日常生活における紛争対応

少し堅苦しい始まり方になってしまいましたね。リラックスして、理解してもらうために、言っておきましょう。紛争対応とは、実は皆さんが日常生活でもう実践していることなのです。紛争解決論でやりたいのは、何か全く新しいことを始めることだというよりも、むしろ皆さんが日常生活で実践されていることを、よりはっきりと意識化することだとも言えるでしょう。意識化によって、より合理的な選択をすることができるようになると期待するからです。

すごく単純な紛争の状況を想像してみましょう。たとえば、山田君という人が、ゲームをしたがっているとしましょう。ところが山田君は、ゲーム機を持っていません。そこで山田君は、ゲーム機を持っている田中君に貸してくれと頼みました。しかし田中君は、自分がずっとゲームをしたかったので、断りました。面白くない山田君は、「田中はケチだ」と悪口をいいふらしました。田中君は怒りました。さあ、どうなるのでしょうか。と思っていたところ、加藤先生がやってきて、「喧嘩《けんか》をするのはやめて、時間を決めて交代で使いなさい」と言いました。納得した二人は、喧嘩をやめて、言われた通りにしました。

この紛争状況について、考えてみましょう。山田君と田中君は、二人ともゲームをしたいという「目的」を持っていました。しかし、ゲーム機が一つしかなかったため、二人は「相容《い》れない目的」を持つ「紛争」関係にある「当事者」であったと言えます。先生は、紛争を解決するための案を出して「調停」にあたった「第三者」であったと言えます。

先生が提案した紛争解決の方法、「時間を決めて使う」は、つまり「時間調整する」という方法ですね。「順番を決めて交代で使う」ということでもあります。あるいは、最近のゲームは二人で一緒に遊べるものも多いですから、「共有する」といった方法も、紛争解決に役立ったかもしれません。頭の体操として考えてみれば、「優先順位を変える」というのも、しばしば効果的な紛争解決の方法です。たまたま面白そうなテレビ番組が始まったら、一人がそちらを見ている間に、もう一人がゲームをしている、というやり方もありうるということです。お祖母ちゃんが現れたら、なんともう一つゲームを買ってくれるかもしれません。つまり「目的物を拡張する」というのも、日常生活でよく採用される方法です。

ゲームでも二つに分けることができる場合もあると思いますが、争っている対象がケーキのようなものであればなおさら、二つに分けて「分割分配する」という方法に訴えて、紛争への対応とするかもしれません。非常に頻繁に採用される別の方法の一つは、「偶然的要素に委《ゆだ》ねる」というもので、つまりジャンケンをするなどの紛争当事者のどちらかだけの一方的な都合だけでは操作できないものに判断の根拠を委ねる、ということも可能です。二人がどうしても争いたくなければ、「他者に委ねる」、つまり先生などの第三者に判断を委ねる、という方法も、いい加減であるどころか、よくある合理性のある判断です。先生に訴えて、どちらが正しいかを審査してもらう方法は、「権威に訴える」というものです。

このように日常生活の単純な場面を想定するだけでも、数限りなく対応方法があります。そのいずれもが妥当性を持ちうるので、全ては状況に応じた合理的判断によって、決まっていくことになります。

紛争対応の主要形態

最も妥当な紛争対応をすることは、最も合理的に利益調整を図ることだ、と考えます。その仮定のうえで、紛争対応にあたって考えられうるいくつかのパターンを日ごろから頭に入れておくことは、有益でしょう。最終的には、具体的な紛争の文脈で、最も合理的と思われる判断をしていきます。ただ、そのためには、より広い視野で考えうる紛争対応のパターンを洗い出したうえで、比較していくことが必要です。パターンを見出す発想が硬直していると、比較するオプションの範囲が狭くなってしまいます。そんなことでは、最も合理的な選択肢を見つけられる可能性が低下していくことになります。
こうした観点で、紛争対応のパターンをあげていくと、以下のようになります。

①回避（avoidance）

実は日常生活において最も頻繁に見られる紛争対応のパターンは「回避（avoidance）」ではないかと思います。紛争対応の一つのパターンとして、回避は間違っている、ということは一般論としては言えません。紛争を発見したら、常に必ず対応しなければならない、という法則はありません。それどころか誤った紛争への対応は、事態を悪化させるだけです。銃を持ったヤクザの抗争を目撃して、正義感に燃えて止めに入る、という人はあまりいないでしょう。

「手を出さないほうがいいよ」という言い方が適しているかどうかは、まずもって自分自身を守るのが合理的という判断によりますが、止めることが不可能である紛争を止めようとしても被害が広がるだけの結果に終わることが合理的に推論されるという判断にもよります。得られるものが何もなく、ただ被害が広がることが確実だと観察される場面で、感情的な尺度で判断をすることは、紛争解決論の観点からは推奨されません。第三者による不用意な介入への関与が、事態を悪化させるだけの結果に終わることも、当然ありえます。紛争解決論の観点から見て、紛争を解決しようとする人が、解決しようとしていない人よりも常に優っている、とは言えません。しっかりと紛争を分析し、冷静に判断することを心がけておかなければなりません。

自分自身が紛争当事者である場合でも、「回避」という選択肢は常にありえます。紛争は行わないと決めているのに、自分が紛争状態にあることを見つけてしまったら、どうしましょう。本当に絶対に紛争を行わないなら、相手の反応を待たず、自己努力だけで、紛争状態を終結させるしかありません。自分が持っている相容れない目的を放棄すれば、紛争状態は消滅します。日常生活で、我慢する、といった言葉で表現される行為ですね。これを相手の立場を理解し、納得して行う場合には、「和解（reconciliation）」と呼ぶべき行為につながるかもしれません。単に紛争状態をなくすことだけを目的にして自らの目的を捨て去る場合には、「回避」と呼ぶべき行為でしょう。

「回避」が合理的ではない場面もあります。早期に紛争にかかわっておけば被害を最小限に抑えておけたのに、放置して無視し続けてしまい、取り返しのつかない惨状を招いてしまった、という場合もありえます。「回避」は、常に忌避すべき選択肢ではない一方、常に合理的な選択肢であるとも限りません。利益の調整を図るものとしての紛争解決のために、何が最も合理的であるかは、個別的な状況の個別的な段階において、判断していきます。

②交渉（negotiation）

交渉とは、第三者を介さず、当事者だけで紛争の解決を目指す試みのことです。紛争解決は、第三者に行ってもらうものばかりではありません。自分自身で行わなければならない場面が多々あります。むしろ日常生活では、それが普通でしょう。第三者が調停に入らない場合、あるいは当事者が第三者を入れたくない場合、当事者だけで紛争の解決を目指していくことになります。当事者が単に相容れない目的を追求する行動で衝突しあうだけでなく、お互いの利益の調整を図ろうとするとき、「交渉（negotiation）」と呼ぶべき状況が発生します。

交渉の特徴は、全てを紛争当事者が自ら行う点にあります。第三者が望まれるのは客観的に紛争当事者それぞれの利益を分析し、双方から見て中立性のある提案を行いやすいのではないか、と期待されるからです。ただし、第三者なら必ずできるというわけでもありません。また、日常生活の無数の小さな紛争の解決の一つ一つに、第三者調整が入ることはありません。細かな紛争の状況分析に関与して時間をさいて解決しようとする第三者が現れることは、めったにないからです。その場合には、当事者が自ら自己分析と他者分析をしたうえで、利益の調整策を考えるしかありません。

詳細に調査分析をして関与する第三者がいないということは、事情を一番よく知るのは当事者のみ、ということでもあるかもしれません。結局のところ、ある紛争について自分が一番よく把握しており、他に把握している人が世界のどこにもいないとしたら、自分で分析をして、解決や管理の方法を考えていかなければなりません。

なお広い意味での「交渉」に含めてもいいものに、「説得（persuasion）」と表現される対応も含まれます。説得というのは、自分の利益を確保するために、相手に態度を変更させることを試みることです。ただし相手の利益も確保できることを訴えて、自分の利益の確保に努める場合には、説得を通じて、利益の調整を図っていると言うことができるかもしれません。何らかの論理や感情を駆使して「影響（influence）」を与えるのは、「交渉」の一部です。

相手が全く納得していないのに、無理やり相手を動かそうとするならば、次第に「強要」と言うべき状態に近づいてくるでしょう。完全に強制力だけで相手を動かして、自分の利益を確保しようとする場合には、もはや「交渉」とは呼べない行為になります。

「交渉」においては、相手に何らかの影響を与えていくことが、目標になります。影響を与えなければ、「交渉」を通じた利益の調整を達成することはできません。そう考えると、「交渉」、「説得」、「強要」という異なる様相を示す概念は、紛争当事者だけで何らかの紛争解決を行おうとしているという点では、つながっているとは言えます。影響力の行使の仕方や程度によって区分されるものだと言えるでしょう。

③調停（mediation; arbitration）

第三者が紛争解決にあたる場合、最も典型的なスタイルは、「調停（mediation）」と呼ばれる関与です。紛争当事者だけでは紛争解決が果たせない場合、第三者が招かれ、中立的な立場から利益の調整を通じた紛争解決への貢献が求められることになります。調停者としての第三者は、紛争当事者の双方の利益が何であるかを把握し、当事者たちが利益の調整を図っていくことを手助けします。調停者は、双方の対話を促進するだけかもしれませんが、具体的な利益の調整の方法を当事者たちに提案することまでやるかもしれません。いずれにせよ、紛争解決を目指しているが果たせていない紛争当事者のために、利益の調整を見出すための貢献をする第三者の行為が、「調停」です。

「調停」は、第三者に役割が与えられている点で、「回避」や「交渉」と比べて関係者の幅が広がっていますね。通常、日常的な喧嘩の「調停」のような場面でも、調停が入ると、少なくとも紛争解決が目標になっていることが明確になります。先ほどの子どものゲームの取り合いの例でいえば、先生が現れて話を聞き始めたところから、先生による「調停」が行われていることが明確になります。

なお「調停」は、広く一般的に第三者介入の場面を総称して使うことができる概念です。紛争解決の意思を持つ第三者が当事者と係わることによって発生してきます。紛争解決の意思を持たない第三者が関わってくる場合であっても「介入」ではあります。ただ、紛争解決を目指していないのであれば、「調停」ではないでしょう。「介入」は、第三者が関わってきた状態を客観的に言い表す概念で、どのような紛争解決の方向性があるかは、「介入」行為だけではわかりません。

なお法的権威を持ちながら、第三者が調停を試みる場合、それを「仲裁（arbitration）」と呼んだりします。仲裁は、法的判断をともなった調停、という性格を持ちます。たとえば国際的な仲裁が行われるのは、紛争当事国が紛争解決の意思があるのに果たせないため、法律解釈を通じて紛争解決を試みる第三者が関与する場合です。

④強制（coercion）

第三者が強制力を発揮するときには、第三者による調停や仲裁という紛争解決の性格は希薄になっていきます。放置しておくと大変なことになるのに、調停などの紛争解決の試みが何も効果を発揮していないような場合には、「強制的（coercive）」な手段を用いて、事態の悪化を防ぐことが正当化されます。

法的権威を持つ機関が、対立する紛争当事者の法的主張の妥当性を決定し、それにしたがって現実に影響を与えるための介入を行うときに、「法執行（law enforcement）」が行われます。民事事件の裁判所の決定にもとづいた財産の差し押さえから、刑事事件の場合の警察官による被疑者の拘束に至るまで、「法執行」には様々な形態があります。国際社会には世界裁判所や世界警察がありません。しかしそれでも国連安全保障理事会の決定を通じた強制措置や、各国の取り決めなどを通じて、「法執行」の措置がとられることがあります。「法執行」の形態に至ると、もはや「調停」という範疇《はんちゅう》の中で理解するのは難しいでしょう。ただ、「法執行」は、その他の形式の紛争解決が不可能であると認識される段階において行われるものでもあります。紛争当事者の自発的努力を促す形での解決が図れない場合に、財産の差し押さえのような措置がとられます。警察官が被疑者を拘束するのも、民事紛争の枠もこえた暴力行為が発生していると認定されるような場合です。これらの措置が妥当であるかどうかは、法的手続きにそって確定させることになります。より広い視点から言えば、強制的な権限を用いてでもとりあえずの事態の改善を図らなければならない紛争解決の段階に至った、ということが前提になります。

紛争対応の手順

無数の紛争への対応方法があり、上記のようにいくつかの主要なパターンに整理していくだけでも、相当に幅があることが、おわかりいただけたかと思います。無数のパターンから最も妥当だと思われる方法を選択して、それを的確に遂行していくのは、簡単なことではありません。考えすぎると、日常生活でも、紛争対応の方法の多さに圧倒されて、疲れてしまいます。しかし、それでも、重要な場面では、最も合理的と思われる方法を選択するために考えを整理したいですね。そのためには、紛争対応の手順を、意識的に定式化しておくことが有益です。

第一段階では、まず当事者を識別し、その様子を分析する作業を行います。そこには紛争状況の存在の認定にかかわる相容れない目的、及び紛争当事者の立場や利益の分析が、当然

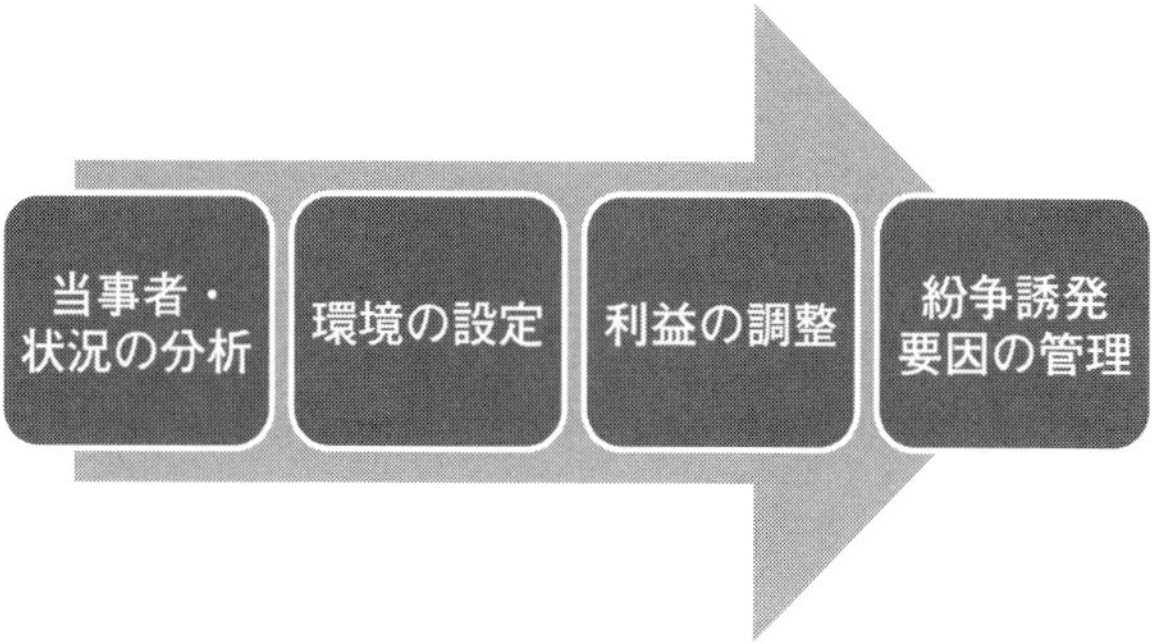

図４　紛争対応の手順

含まれます。第二段階では、紛争対応の計画を練ります。どのパターンを選択して紛争解決を模索するのかを見定めることはもちろん、具体的な場所や時間の設定などの環境も見極めていくことになります。第三段階では、紛争対応を実際に実施することになりますが、そこで行うのは利益の調整です。具体的な内容は、個別の事例に応じて異なるでしょう。ただ、いずれにせよ相容れない目的がある状態に対応するわけですから、その裏付けとなっている紛争当事者の利益の調整を図ることが必要です。ここで利益の調整と言うものには、回避、交渉、調停、強制のいずれも該当します。

最後の段階では、対応がなされた後の管理を目指します。利益の調整が果たされて紛争が解決されたとしても、何かのきっかけでまた紛争が再発してしまうかもしれません。そのような事態が起こらないようにするためのメカニズムを導入して、継続して紛争を予防していくための管理をすることができれば、非常に望ましいということになります。以上をまとめると図4のようになります。

本書では詳細にふれる余裕がありませんが、実際の紛争対応の機会では、調停者選出の方法、交渉の場の雰囲気、会議運営の方法、秘密保持の扱いなど、実務的な事項の細部にまで気を遣っていくことになるでしょう。面倒なようですが、こうした点に全く配慮しないと、仕事をしている場面では、問題視されてしまう可能性も出てきますね。

国連などの国際機関では、人事システムにおいて、「コンピテンシー（competencies）〔業務遂行能力〕」という概念が用いられます。コンピテンシーは、紛争対応の手順と関係しています。「リーダシップ（Leadership）」、「コミュニケーション（communication）」、チームワーク（Teamwork）」などの国連などの機関が重視する「コンピテンシー」は、いずれも紛争対応の諸段階で求められてくるものです。

紛争は職場に偏在していますから、紛争にどう対応するかは、業務を円滑に実施するにあたって、必須となる事柄です。紛争に円滑に対応する者は、一般的に言えば、業務を円滑に遂行することができる者です。

こうした観点から言えば、ここまでわれわれが「紛争解決論」と呼んできたものは、一般社会において「問題解決（Problem Solving）」と呼ばれているプロセスと似ていることもわかります。プロジェクト管理に使われる「問題解決」の手順は、紛争解決／管理の手順と似ています。やはり分析して、立案して、実施して、評価します。

この意味で、紛争解決とは、人間関係に関する「問題解決」のことだと言えるでしょう。そもそも紛争は偏在しているとはいえ、やはりある種の「問題」だと捉えるところから、紛争解決の必要性が出てきます。プロジェクト管理の「問題解決」に精通した方は、人間関係の「紛争解決」に応用できる知識と技能を持った方です。

おわりに

本章では、一般論の言い方で、紛争解決の方法について見てみました。その基本メッセージは、紛争解決の方法には無数の可能性があるので、具体的な場面に応じて合理的な判断をしていかなければならない、そのためにはまず紛争を分析することが何よりも大切である、ということでした。分析をして、判断をします。分析をして、実施する政策を決めます。分析、立案、実施は、一続きの流れの中で行われるプロセスです。このプロセスに意識的になることが、紛争解決論を学ぶということです。

コラム　キッシンジャーの交渉術

国際的な外交の世界で、交渉の達人と評されるような人物がいます。たとえば、ヘンリー・キッシンジャーは、一九六〇年代末から一九七〇年代にかけて、特異な存在感を放った外交官でした。今日なお多くの人々から、カリスマ的な外交官とみなされていますす（セベニウス他『キッシンジャー超交渉術』参照）。キッシンジャーは、もともとはハーバード大学の歴史学の教授でした。彼の博士号取得論文は、一九世紀のウィーン会議の外交交渉をめぐるものです。学術的な知識を、超大国の歴史に持ち込んだ特異な人物だと言えるでしょう。極秘会談を好んだキッシンジャーは、国務省の職員からも警戒されるほどでしたが、それだけ外交交渉の細部まで自分でコントロールしたかったのでしょう。

リチャード・ニクソンが大統領に就任した一九六九年に国家安全保障問題担当大統領補佐官に就任したキッシンジャーは、ニクソン政権第二期には国務長官に抜擢《ばってき》され、一つの時代を築きます。キッシンジャーはノーベル平和賞を受賞しますが、そのときに最大の功績として認められたのは、ベトナム戦争をめぐる和平協定の締結でした。しかしそれは、ベトナム領内のみならず、カンボジアやラオス領内の北ベトナム勢力に対する空前の規模の秘密爆撃などの圧力も組み合わせて成し遂げられた出来事でした。キッシンジャーのノーベル平和賞の受賞が発表されると、ノーベル平和賞委員会は激しく非難されたほどです。

交渉の達人というと、よほど話術が巧みだったりするのかと考えますが、亡命ユダヤ人の出自のキッシンジャーの場合には、ドイツ訛《なま》りの英語を低音で呟《つぶや》くようなスタイルで、華麗さはありません。「フィクサー」という言葉がありますが、キッシンジャーの厳しい交渉スタイルは、ひょっとしたらこうした言葉で描写したほうがより適切なものであるかもしれません。ジンバブエの白人独裁政権を崩壊させたときには、アメリカの支援の停止を交渉に用いただけでなく、シャトル外交で南アフリカを含む周辺国の姿勢をアメリカの考え方にそったものにまとめあげ、白人独裁政権を追い込むことによって、交渉を成し遂げました。

交渉では、利益の調整を図りますが、実は利益というのは永久に固定されているわけではありません。高度な交渉になると、相手の利益の認識に変更をもたらすような操作や圧力をかけてから後に、「共感」を示して、利益調整を行います。

キッシンジャーの最も劇的な外交成果は、米中接近の演出でしょう。極秘に北京を訪れて、その後のニクソン電撃訪中の下地を作ったのがキッシンジャーでした。キッシンジャーは、ソ連との関係を悪化させた中国の指導部が、アメリカとの関係改善を望んでいる兆候があることを、情勢分析で見逃しませんでした。毛沢東ら中国指導者層と会談したキッシンジャーが、日本における米軍の存在が米中関係改善の障害だと指摘されたときに見せた反応は、あまりにも有名です。キッシンジャーは、在日米軍は日本の軍国主義の再来を防ぐ「瓶のふた」であり、アメリカと中国は、その点で利益を共有している、と説明しました。納得した中国指導者層は、一気に米中関係改善へと向かっていきました。

第4章　紛争分析の道具

この章では、紛争対応の方法を考えるために重要となる紛争分析の視点について扱います。何に着目して、どうやって、紛争分析をするのか、ということです。

紛争当事者の利益の分析は必須だ、と説明しました。でもそれだけでは、まだ具体的にどうすればいいのか、わかりませんよね。そこでこの章では、分析のための視点の主要なパターンについて見ていきたいと思います。

分析者は世界中にたくさんいて、様々な議論をしています。その中で分析の優劣を見ていくとしたら、物事の尺度というものが必要です。どの点がどれくらい重要かは、個別の事例におうじて変わっていくとして、「これは見ておかないと」とか、「これを見落としたらダメだろう」というようなことをあげていくことはできるでしょう。とりあえず必須の着眼点、あるいはチェックポイントを見落とさないことが重要だ、とも言えるでしょう。

ここでは、主要な切り口となる三つについて、見ていくことにします。時系列、関係者、因果関係です。いずれも、これらを全く見ないで紛争分析をすることはありえない、という基本的チェックポイントです。

それぞれの着眼点にそって説明するのは、分析のための視点です。チェックポイントを拾っていくための概念装置のようなものです。ここでは分析のための視点を拾っていくための概念装置を、道具（Tool）と呼んでおきます。道具とは、ある物事を達成するのに利用するもののことです。トンカチとか、ドライバーとかが、典型的な道具ですね。工具一式の道具があると、家具を組み立てることができます。道具がないと、組み立てられず、部品は断片の塊のままで、山のように積み重ねられるだけになります。分析にあたっても、概念装置がないと、データを集めても、同じような状態になって放置されてしまうのです。

時系列の分析

皆さんが、ある紛争について調べよう、と思ったら、まず何をしますか。その紛争が、いつ始まって、どこでどんな大きな事態を引き起こして、最後にどういう終わり方をしたのかを、調べてみるのではないでしょうか。つまり一連の事態の推移の時系列的な展開ですね。

大学の授業のテストやレポートで、起こったことを時系列的にまとめなさい、という問題が出て、〇年〇月〇〇、〇年〇月〇〇……、と書いていくと満点がとれる、ということは、あまりないでしょう。しかし、そのような問題が出ないのは、時系列展開をおさえることが重要ではないからではありません。あまりにも基礎的なので、きっと真面目な学生さんにそんなことを聞くのは失礼にあたる、と教員が考えているから、時系列だけを問う問題を出さないだけです。

人類は、まだ時間の流れを逆に進める装置を発明していません。ある人間や物を過去に送り込むことすらできません。時間は一方向にしか進みません。したがって、ある事件が別の事件の前に起こったという歴史的事実がある場合、その時系列的順序は絶対で、未来永劫《えいごう》にわたって変わることはありません。天変地異の際に、何かの都合で、昨日と一昨日が入れ替わる、といったことは、絶対に起こりません。

とすれば、紛争が起こる前に存在していたことは、絶対に紛争が起こる前に存在していたこと、紛争が終わった後に起こったことは、絶対に紛争が終わった後に起こったことで、その時系列関係は、永久不変なのです。紛争中の様々な出来事の時系列的関係も同じです。

何もかもが混乱しているような紛争の状況になればなるほど、絶対に動かないことを見つけて座標軸にすることの重要性は高まります。紛争分析が扱う対象の中で、事象の時系列的関係ほど明晰《めいせき》で不変の見取り図を提供してくれるものは、他にありません。

こう考えると、ある紛争を分析する際に、まず起こった出来事の時系列関係を整理して把握するのは、全く正しい態度だ、ということがわかります。

事件を時系列的に並べていくと、詳細な表のようなものができます。表の作り方などにこだわるのは、やめましょう。大学のテストやレポートでも、表それ自体を提出せよ、ということはありません。表は、あくまでもノートです。ただ、あらゆる分析の基礎になるノートですから、必要情報が見えやすいように配慮しましょう。時系列で並べるのですから、ある出来事が、いつ起こったのか、は必須情報です。ただその出来事が単発的だったか、連続していたか、継続していったか、などが自明な情報として頭に入っていない場合には、そのノートにメモしていったほうがいいですね。自分自身に対して可視化させるためです。

次に、どこで、という情報も必要に応じて入れます。局所的な事件が起こっていた場合、出来事が場所を移動して発生していた場合など、メモを付して可視化させるといいですね。煩雑になりすぎないように、自分なりのルールを決めてノートを作成しましょう。次に、誰が、が重要になります。ある出来事に誰が加わっていたのか、誰がやったのかは不明な事件なのか、犯行声明が出たのかどうか、などです。なお、なぜ、という因果関係を示す問いまでは、ここでは書きすぎです。因果関係は、別のツールを使って、あらためて考えていくようにしたほうがいいでしょう。

　誰が、をはっきりさせると、その人物が時系列的な出来事の展開でどう動いていたのかが、可視化されてきます。○○年一○月にある行動をした人は、○○年九月に起こった事件のことを知っていて、その行動をした、といったことが、まず見えてきます。このこと自体は、必ずしも因果関係というほどのものではありません。他方、ある行動を起こしたときに、その人物が過去の出来事を知っていたこと、しかし未来の出来事は知らなかったことは、極めて重要な情報です。ある事柄を知っていながら行ったのか、知らなかったから行ったのか、を識別することによって、その人物の考えが合理的に推察できる場合があります。

　注意したいのは、紛争当事者だけでも必ず複数いるということです。しかも紛争当事者は相容《い》れない目的を持っています。時系列的な表を書きながらも、複数の当事者それぞれのものの見方に応じた記載を考えていったほうがよいでしょう。あるいはそのことを考察しながら表をつくると、表を作るという作業の意味が増してきます。

　表を作りながら、紛争当事者やその他の関係者の立場や利益が、判然としないと感じることがあるかもしれません。そのことを深刻に受け止めすぎるのはやめましょう。むしろ考えること自体に意味がある、と思ってください。つまり時系列的な流れを追いながら、それぞれの出来事に対する紛争当事者の反応を調べたり、考えたりすることを通じて、紛争の理解が深まる、と考えるようにしましょう。ある一つの出来事について、紛争当事者ごとに受け止め方が違うのが当然です。その他の関係者も含めたら、無数の受け止め方があります。それらを全て完璧に把握していくことは、至難の業です。それでも事象を見る際に、異なる紛争当事者による異なる捉え方を想像しておくのは、有益なことでしょう。

さて、紛争解決論の教科書を見ると、武力紛争の時系列的な展開が、グラフ上の曲線で描かれている場合が数多くあります。これはなんでしょうか。紛争の進展を、その強度(intensity)に応じて、数値化するとしたらどうなるか、という視点でつくってみた曲線です。強度というのは、暴力の度合いということですが、実際には犠牲者数で数値化してみたりすることになります。紛争解決学の教科書で見ることが多い一つのタイプの曲線では、武力紛争の開始時には暴力は小さいところから始まり、だんだん激化していき、あるところから緩和していきます。そしてやがて武力紛争の停止を意味する暴力の停止の点に到達します。図5のようになります。

このように時系列的な紛争の展開を、あたかも数値化して表現することができるものとみなして、曲線として描いてみることには、紛争の進展を可視化する、という意味があります。

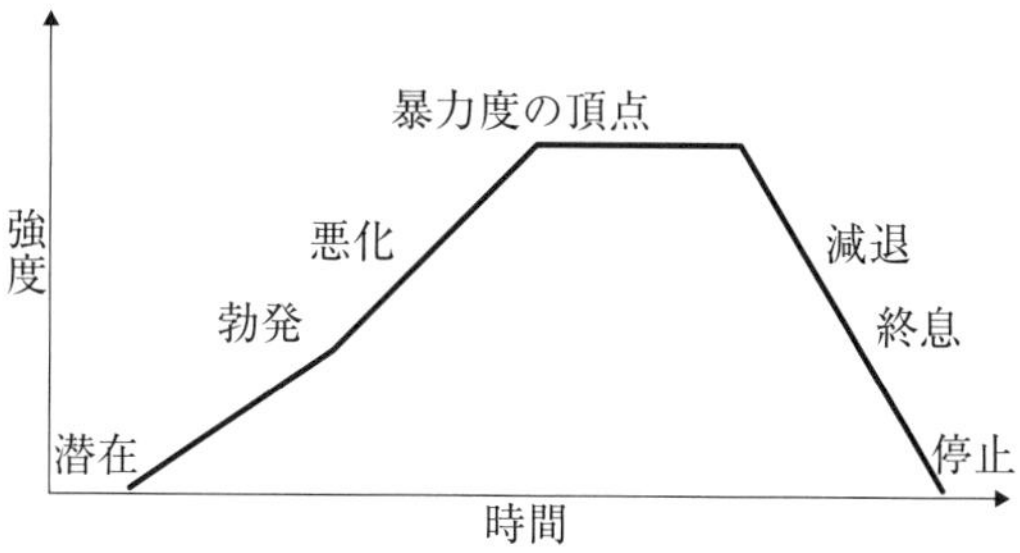

図５　紛争のサイクル

もし図５のように紛争の進展を示せたら、いつ最高度の暴力が発生していたのか、いつ頃から暴力の緩和が始まったのか、などを時間軸と照らし合わせて、確認することができます。それによって武力紛争の時間的展開を、よりよく確認することができます。あるいは曲線を描いてみる作業を通じて、政治的事件と暴力の度合いの連動性を分析に導入していくことなどができるようになります。

実際に想定される分析の事例では、このような単純な紛争の強度の動きはあまりないでしょう。単純な一つの山だけを作って終結する紛争は、むしろ稀《まれ》でしょう。強度は刻々と変化すると思われるので、山は複数になると思われます。ただし、あまりにも複雑になりすぎると、可視化する意味がなくなるので、ある程度は大きな傾向をつかんでいくことも必要ですね。

また、武力紛争は大きな意味での紛争の特殊な一形態に

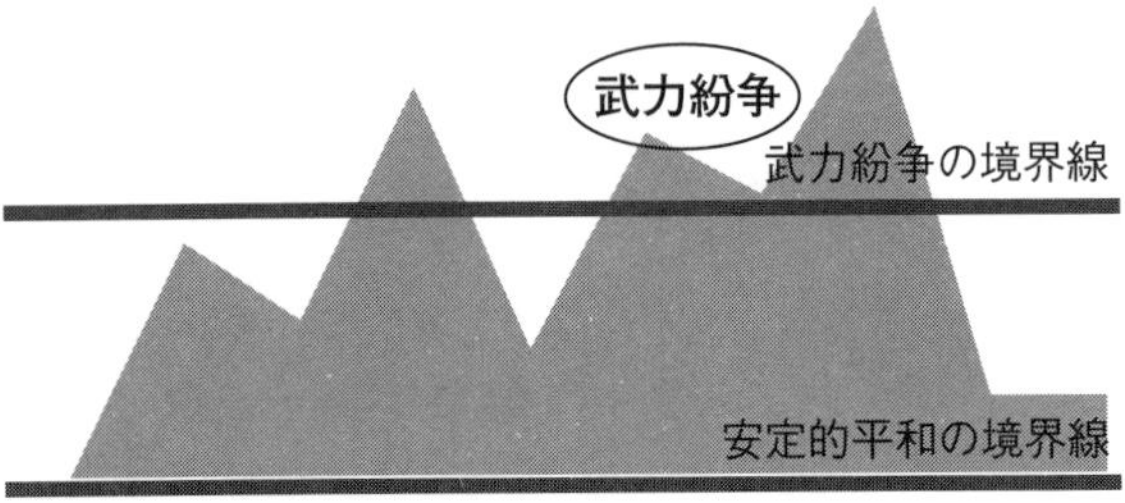

図6　武力紛争の時間化

すぎない、という視点を、紛争の時系列展開に入れ込んでいくこともできます。武力紛争の発生の前にも、何らかの紛争があったでしょう。また武力紛争の停止は、その後の時期における紛争の不在を意味しません。むしろ武力紛争停止後にも何らかの紛争が存在し続けるはずだ、と仮定するほうが妥当でしょう。

そこで工夫は、紛争が武力紛争に発展する段階を示す境界線を描くことです。武力紛争発生前の状態を境界線の下の紛争の段階と考え、武力紛争停止は紛争が再びその境界線の下に潜ったと考えると、図6のようになります。

こうした可視化の作業を通じて、紛争の経緯を時系列で捉えていく作業には、政策的関心から見ても意義があります。タイミングの要素を重視した紛争解決のアプローチにとっては、特に大きな意味があります。

たとえば、ウィリアム・ザートマンという国際紛争の分析を専門とする学者は、「成熟理論（Ripeness Theory）」と呼ばれる考え方で知られています。紛争解決に一番重要なのは、タイミングだ、という考え方です。解決の機運が「成熟」しているとき、紛争は解決に向かう。第三者調停は、そのタイミングを見極め、解決に向かう紛争の流れを後押ししたりすることにある。他方、悪化している段階の紛争を、第三者調停者が無理やり解決しようとしても、うまくいかない。このように考える「成熟理論」にとって、紛争がどのような段階にあるのかを見極めることは、決定的に重要です。武力紛争が激しく悪化しているときに、調停を成功させることは、著しく困難です。他方、ある種の高原状態に入ったところであれば、紛争当事者は武力紛争の収拾に向けた提案に参加しやすい状態にあるかもしれません。

このように紛争を時間軸に沿った推移で見ていく時系列的関係の分析は、紛争分析の基礎作業から、政策的な判断をするための応用的な分析までを提供します。どちらにしても、紛争分析にあたって忘れてはいけない視点を提供する作業だと言えるでしょう。

関係者の分析

次に人間関係の分析を見てみましょう。これは一般に関係者（stakeholder）分析と呼ばれているものを指しています。紛争は、人間（集団）の間で起こります。紛争は、人間（集団）

が相互に相容れない目的を持つときに生まれる状態です。そのため紛争を構成している人間（集団）の分析は、紛争分析において常に必ず行う作業です。

もっとも人間が分析の中心になるのは、紛争の問題に限定されません。開発援助プロジェクトを立ち上げるときに行う分析でも、関係者分析は、必須です。開発援助は、人間が抱える問題を改善するために行われます。援助の対象である人間（集団）のことを知らない、などということは、あってはなりません。その事情は、端的に、紛争問題の場合でも同じです。紛争という問題を抱える紛争当事者をはじめとする関係者のことを知らないまま、紛争解決を語るわけにはいきません。

関係者分析には、二つの次元があります。一つは、関係者の間の人間関係を分析するものです。普通に「関係者分析」といったときには、一般にはこちらを意味します。

もう一つは、個々の関係者（集団）の性質を分析するものです。こちらについては、すでに第1章でふれました。紛争の定義の中に「相容れない目的」が入っているため、紛争当事者の立場と利益の分析は、紛争状態が発生していることを識別する際に、すでに必須の作業でした。本章でも、もう少しだけ追加的に、関係者（集団）の性質を分析する視点についてふれておきたいと思います。

さて通常、関係者分析と言えば、関係者の関係の分析のことになります。これを「ステークホルダー・マッピング」と呼ぶこともできます。特に複数の分析者がいる場合、一つの大きな図を作って、全員で協議をしながら、「マッピング（図表化）」作業をしていくことになります。

紛争当事者の間には、相容れない目的を持ちあう関係があります。それを中心にすえながら、紛争当事者たちが他の関係者とどのような関係を持っているかを分析するのが、ステークホルダー・マッピングです。

どのようなやり方で分析するかについて、絶対に守らなければならないルールがあるわけではありませんが、図7のような表示方法を使うのが、一般的です。

これらを使って様々なタイプの関係者間の関係を表現していくのは、一つの図の中で関係者間の関係の総体を可視化するためです。人間関係は複雑な機微に富むもので、本来であればこうした単純化になじむようなものではありません。しかし複雑だからこそ、可能な範囲内で図式化する試みをすることが、分析者の紛争状況の理解に役立つと期待されるのです。図8は、分析を行った後、できるかもしれない図の例示になります。

複数の分析者がいる場合には、マッピングの結果そのものよりも、協議をしながらマッピ

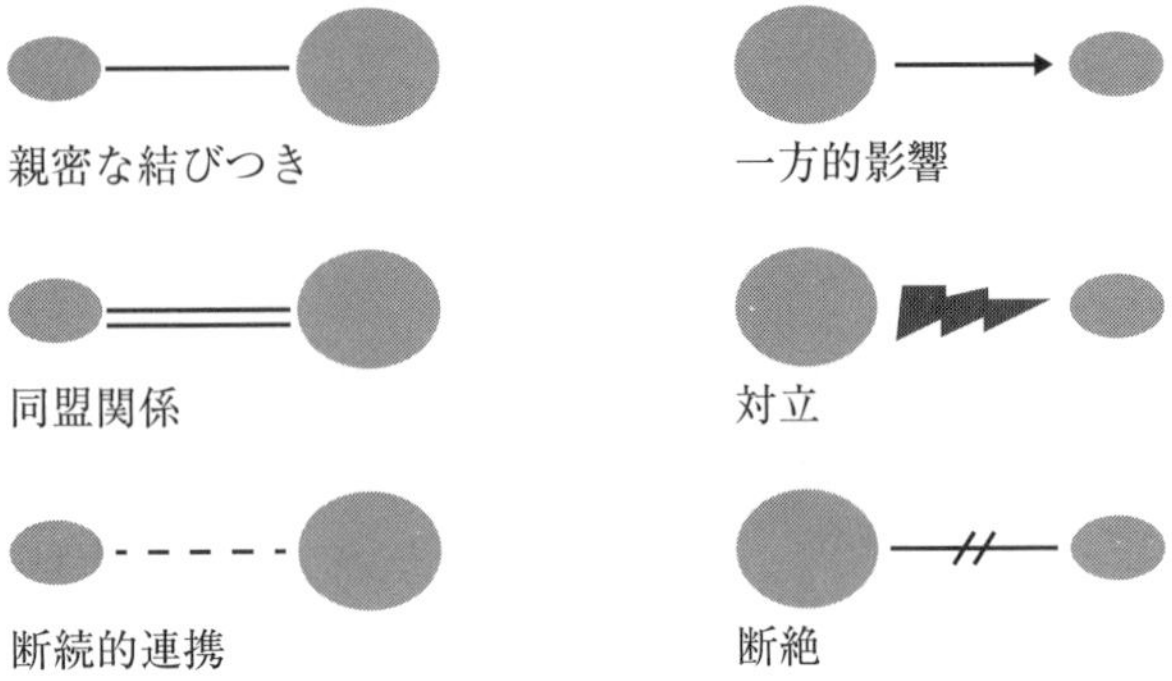

図７　ステークホルダー・マッピングの方法例

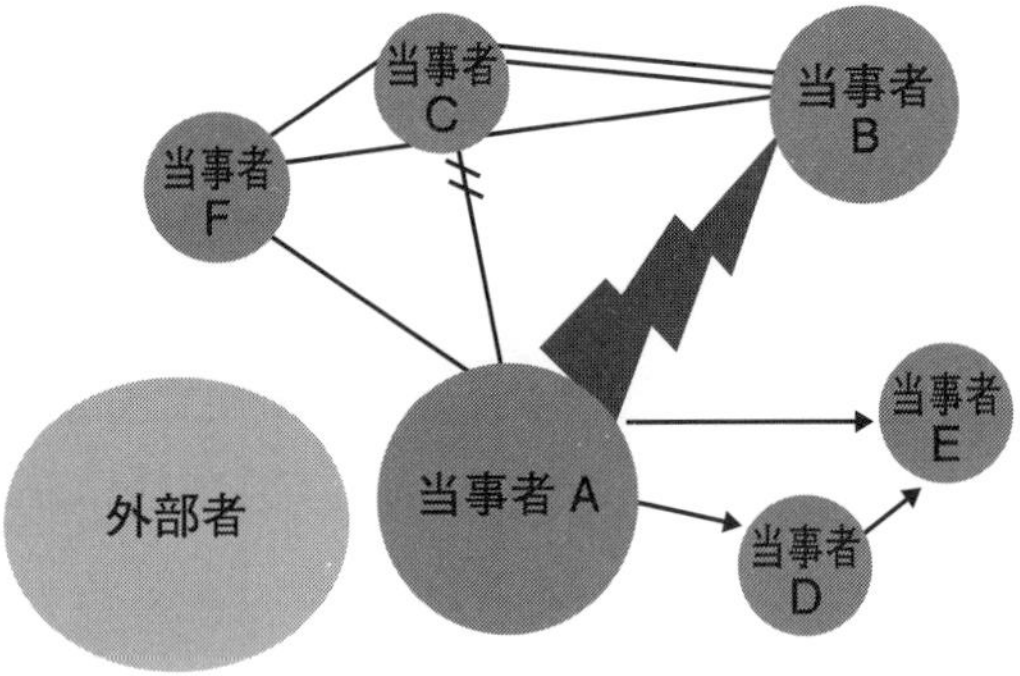

図８　分析後のステークホルダー・マッピング

ングをすることのほうに意味があるかもしれません。複数の分析者の間で意見が分かれるとしたら、なぜそうなのかを話して考えてみるのは、とても重要です。同じ職場の同僚とマッピングをするような場合には、職場内での共通見解を作り出すためにも、マッピングの演習がとても役に立つと言えると思います。

さて関係者間の関係の分析とは区別されるのは、それぞれの関係者の性質の分析です。これはステークホルダー・マッピングよりも、少しなじみがあるかもしれません。大学三年の終わりになると就職活動が忙しくなりますが、そのときにいわゆる自己分析と呼ばれるものをやったりするようですね。それは自分の性質の分析ですね。

たとえば、社会人になってからも目にすることがある自己分析ツールにSWOT分析というのがあります。自分自身の（内的）強さ（Strengths）と（内的）弱み（Weaknesses）に加えて、外部環境の（外的）機会（Opportunities）と（外的）脅威（Threats）を列挙し、自分自身で可視化させることによって、自己分析につなげていくものです。たとえば社交的な長所（S）の利点はどんどん伸ばしていきたいけど、専門知識が不足気味（W）なのは克服していかなきゃな、優秀な知人や先輩に恵まれた環境（O）がありがたいけど、コロナで留学中止になった（T）のは痛手でした、といった具合です。実はこのSWOT分析は、紛争分

内的強さ (strength)	内的弱さ (weakness)	外的機会 (opportunity)	外的脅威 (External Threats)
技能、意欲、経験、etc.	改善点、心理的傾向、etc.	影響力、パートナーシップ、外的資源、etc.	社会的傾向、政策、などの阻害的な外的要因、etc.

表1　SWOT分析

析でも使えます。各紛争当事者の内的性質と置かれている状況を整理して確認していくときに、便利ですね（表1参照）。

紛争解決の分野では大変に有名な学者であるヨハン・ガルトゥングが提唱した分析方法に、ＡＢＣトライアングルというものもあります。Ａ（Attitude：姿勢）、Ｂ（Behavior：行動）、Ｃ（Contradiction：矛盾）の三つの位相から、当事者の性格を分析しようとする手法です。姿勢とは、価値観や信念などの内面の心理的な傾向を示します。態度とは、行動類型などの外的な特徴を示します。矛盾とは、当事者が外的世界とどのような関係を持つ傾向にあるかを示します。Ｃの矛盾は、より一般的に文脈（Context）とされる場合もよくあります。

これら当事者ごとのＡ・Ｂ・Ｃの三つの要素の特徴を書きだし、三角形を描いてみるのが、ＡＢＣトライアングルです。特に紛争と関わっていると思われる要素については目立つように特筆してみてもいいでしょう。このＡＢＣトライアングルというツールもまた、当事者の特徴を可視化してみることに狙いがあります。ＡＢＣトライアングルは、作成すると、図9のようになります。

相容れない目的を持っているときに紛争状態が発生するとして、それは態度のレベル、行動のレベル、外的環境の文脈のレベルで、異なる様相を示して立ち現れてくると思われます。その様子をチェックしていくためにABCトライアングルを活用することになります。たとえば口では悪いことを言っていても、行動では紛争を避けるためのシグナルを送っている場合もありますし、その逆もあるでしょう。紛争を助長するような態度も行動もとっていないのに、その存在が紛争の火種、という文脈が存在してしまっていることも、残念ながらあります。どこに、どのように、紛争の要因があるかを見極めることは、紛争解決にとっても非常に重要なことです。

このように関係者分析には、関係者の間の関係を分析してみる視点と、それぞれの関係者の性質を分析する視点とがあります。両方を駆使して、紛争分析の必須作業である人間の分析を行っていくことになります。

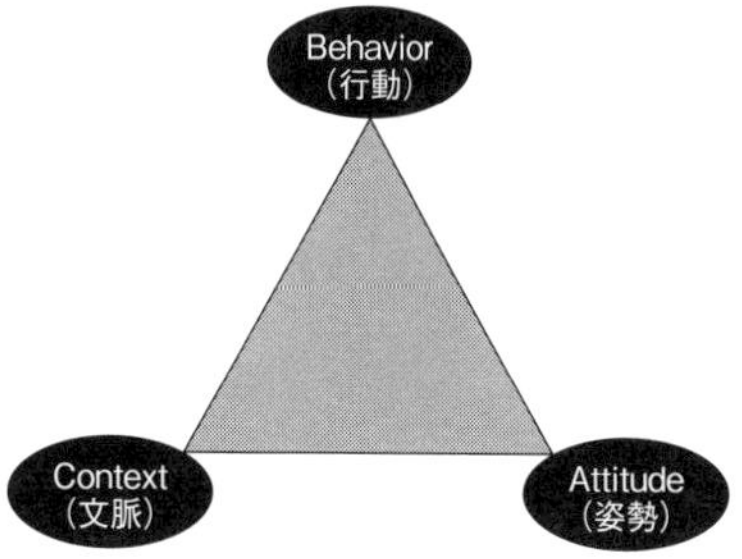

図9　ABCトライアングル

因果関係分析

紛争に関係する事象の間の関係を分析していく視点も、紛争分析において不可欠です。事象の間の因果関係を明らかにしようとする分析は、主に紛争の原因分析につながっていきます。

一般に、紛争解決の分野では、紛争の諸原因を、「根本原因（root-cause）」、「引き金原因（triggering cause）」、「継続原因（sustaining cause）」に分けたりします。「根本原因」は、社会の構造に関わる次元で紛争の発生に関わる大きな原因です。「引き金原因」とは、紛争の勃発の直接的な契機となった原因のことです。「継続原因」とは、紛争の発生原因ではないものの、紛争が停止せずに継続していく原因になっているものです。

たとえば貧困によって民衆の不満が高まったことが社会構造のレベルで働いて、武力紛争が発生したとしましょう。その場合、その武力紛争にとって貧困が「根本原因」だ、ということになります。また、地方部における人権侵害の事件が発生した際に、暴動が起こって武力紛争へとつながっていったとしましょう。その場合、その武力紛争にとって人権侵害事件が「引き金原因」だった、ということになります。さらに、反政府軍支配地域に豊富な天然資源が採掘されている地域があるとしましょう。反政府軍は、天然資源の闇取引によって武力紛争を継続させるための資金を得ることができているとしましょう。その場合、天然資源は、武力紛争を長引かせている「継続原因」となります。

原因分析のツールで最もよく用いられるのは、ツリーモデルです。様々な事象の相互の因果関係を、一つの木を構成するものと想定します。そして因果関係の連鎖を示す木を描いてみることによって、紛争の諸原因の構造を可視化しようとするものです。

このときの紛争の木には、三つの構成要素があります。根（root）、幹（trunk）、枝（branch）です。簡明に、武力紛争という問題を、木の中心部である幹を構成するものと設定してみましょう。武力紛争を発生させている（根本）原因（causes）を、根として表記していくことになります。枝では、武力紛争によって発生した効果（effects）を表記していきます。

たとえばさきほどのような想定をすると、貧困が武力紛争の「根本原因」として根の部分に記載されることになります。武力紛争が引き起こした様々な「効果」は、枝の部分に記載されます。たとえば武力紛争によって難民が発生したという場合には、難民の発生が武力紛争の「効果」です。このようにある一つの中心問題に対して、その原因と効果を考え、因果

図10　ツリーモデル

関係の線で結び付けて、可視化するのが、ツリーモデルです。図10のようになります。

ある問題の発生・継続原因は、一つではないかもしれません。むしろ多岐にわたって存在していることが通常でしょう。その場合には、根の部分に複数の事象の項目を記載していくことになります。場合によっては、根の中に複数の因果関係の階層を設けて、より根源的な紛争原因と表層的な紛争原因とに分けて、因果関係の線で結んでいってもいいかもしれません。効果についても同じで、たくさんの効果が一つの問題から生まれているかもしれません。もしそれらの複数の効果の間に相互の因果関係があるとすれば、それを記載していくことも紛争の構造の可視化につながるでしょう（図11参照）。

このように複数のアイテムを、因果関係の連鎖で結んでいくと、様々な事象が論理的な因果関係の推察で結ばれた木ができてきます。開発援助の実務では、そこからロジカル・フレ

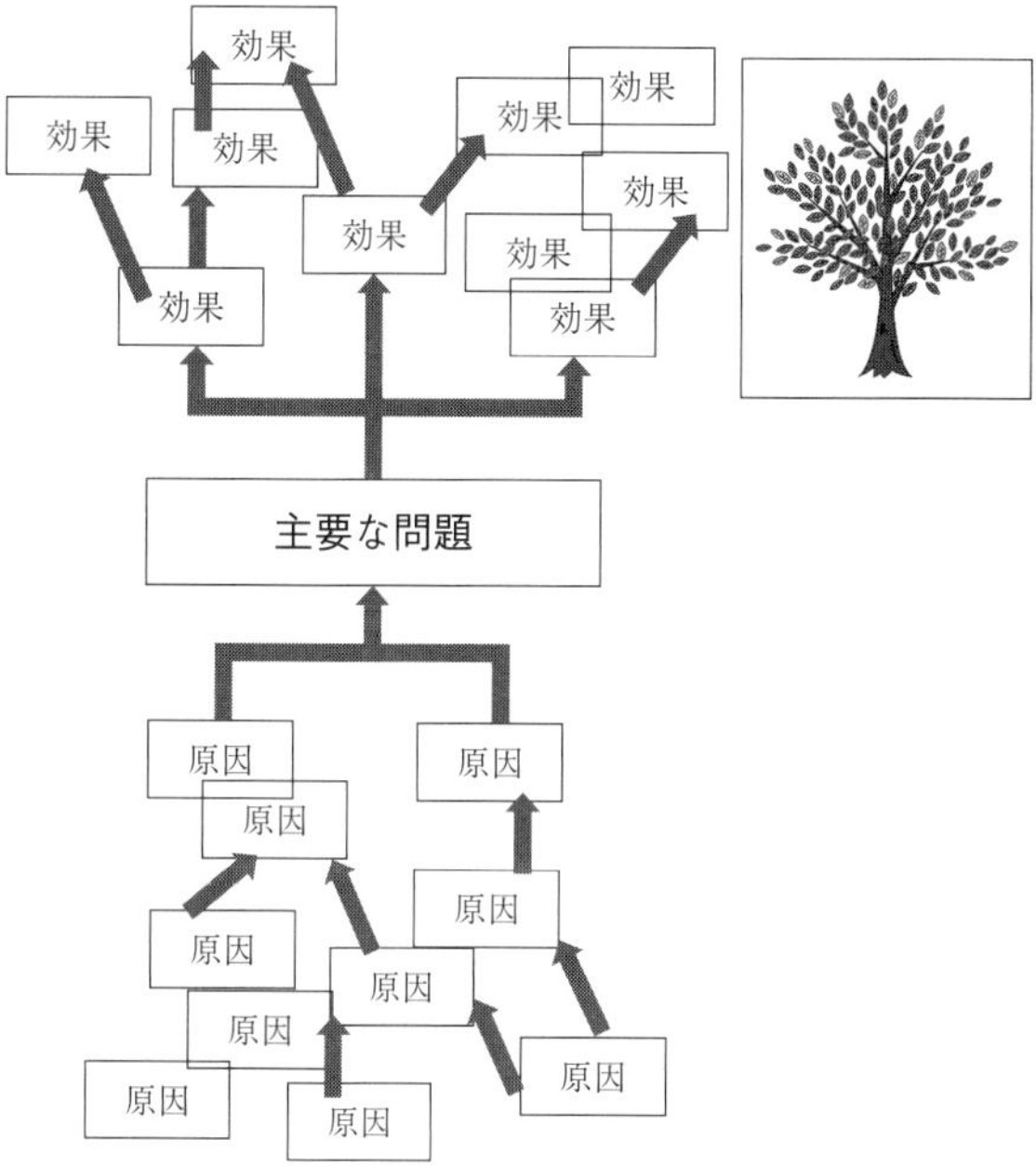

図11　紛争構造の可視化

ームと呼ばれるプロジェクト立案の基礎資料となる問題分析の一覧表を作っていくことになります。

「問題解決」アプローチでよく強調される概念に、「MECE」というものがあります。「Mutually Exclusive, Collectively Exhaustive」（相互に排他的で集合的に包括的）という考え方を表現したものです。相互に排他的とはどういうことかというと、同じ列のアイテムの相互に重複がない、ということです。図12で

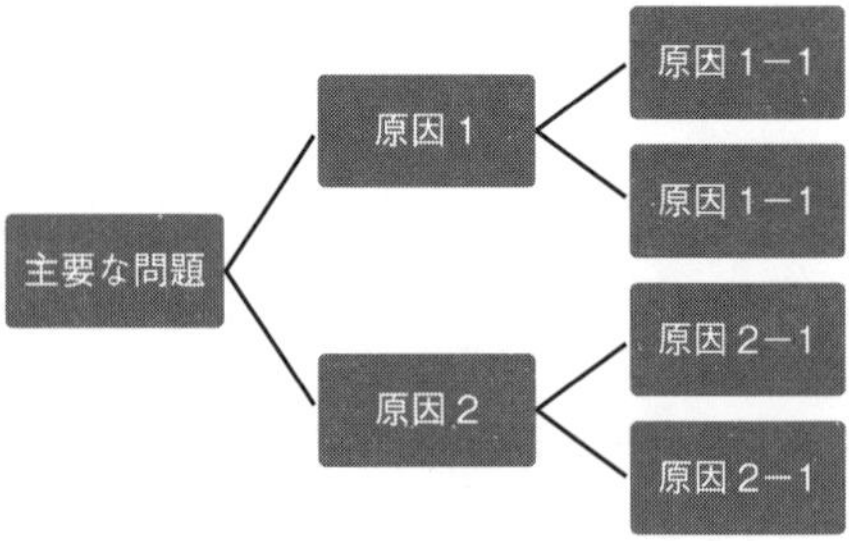

図12　階層性のある問題分析ツリー

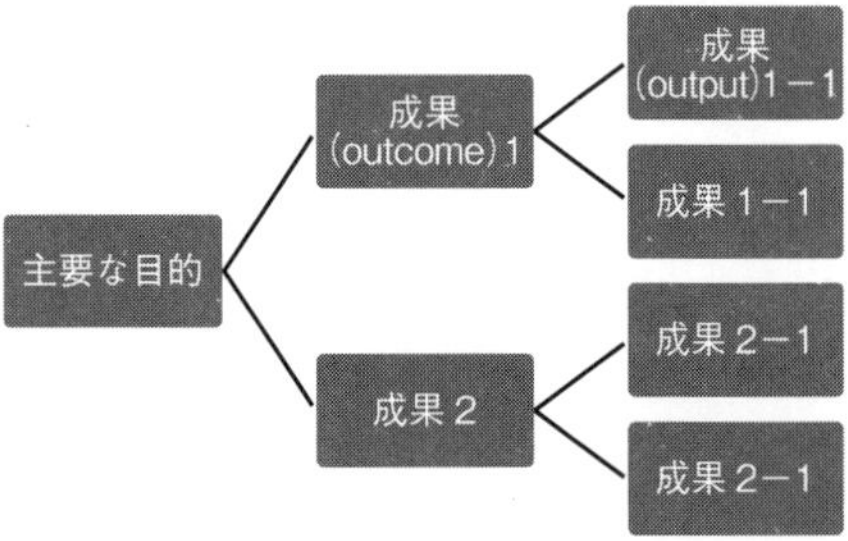

図13　ひっくり返した目的分析ツリー

言うと、原因1と原因2の間に重複がないので、相互に排他的関係にある、ということです。同じ一つの事柄を、何度も言いかえてあたかも複数の問題がそこにあるかのように誤認すると、分析は混乱する、ということですね。

次に、集合的に包括的とはどういうことかというと、同じ列のアイテムを全て足すと、一つ上の階層のアイテムを全て満たす説明になる、ということです。図12で言うと、原因1-1と1-2を足すと原因1になるということ、原因1と原因2を足すと、問題Aの原因として十分な説明になる、ということです。

「ＭＥＣＥ」を完璧に達成しながら、因果関係の分析をするのは、大変なことです。でも達成すると、美しいツリーができることは確かなので、常に念頭に置きながら分析をしていきます。

ツリーモデルは、紛争分析の研修などでは、必須の基本アイテムになります。複数の参加者が、それぞれのアイディアを持ち寄って披露して、全員の意識共有を図っていくためにも有益です。開発援助の立案でも、こうした作業は、必須となっています。

問題に対応する政策を導入する際には、このツリーモデルをひっくり返す、という視点が基本になります。原因の一つ一つに対応させた解決策を目的として設定していきます。紛争が主要な問題であれば、紛争の解決が主要な目的になります。もし貧困が紛争の根源的原因である場合、貧困削減が武力紛争の根源的原因を取り除くはずの目的／成果となります（図13参照）。論理的には、目的が達成されると、否定的な効果が、肯定的な効果にひっくり返っていきます。武力紛争が終結すると、紛争の効果として生まれていた難民の流出が止まる、という効果が現れることになります。

このように紛争を因果関係の連鎖に還元していく作業は、紛争分析における最も重要な領域です。ツリーモデルは、広く国際的に用いられている分析道具です。

おわりに

ここまで主に時系列、関係者、因果関係の三つの主要領域に焦点をあてて、それぞれの領域における紛争の分析ツールを見てみました。ここで紹介したのは、いずれも国際的に広く用いられている代表的な分析ツールです。ただし、分析ツールに全てを包括する単一の手法はありませんので、様々な領域で、様々なやり方のツールが存在しうることになります。ツールの開発に終わりがないように、紛争分析にも終わりがありません。ただしやればやるほど、紛争に対する理解は深まっていくのが、こうした紛争分析のツールだと言えるでしょう。

コラム　紛争分析ツールと実務家向けワークショップ

この章で紹介したツールは、世界中の紛争分析ワークショップで行われているものです。アジアでもアフリカでもヨーロッパでも使われます。外国に行って紛争分析ワークショップに参加して、初対面の人と一緒にインストラクターをやる場面があったとしても、内容を確認しません。ツリーモデルと言えば、ツリーモデルとして、世界中で流通しているので、その内容を確かめる必要がないからです。

ビジネスの世界では、コンサルタント会社などで、業務の必須作業として、因果関係分析を精緻に行ったりするのではないでしょうか。公的セクターでは、研修ワークショップを最も盛んに行っているのは、実は開発援助の分野であるかもしれません。参加型開発の手法をとりいれると、ワークショップに関係者を呼んで、時間をかけて話し合って意識共有を図りながら作業をすること自体が、すでに開発援助の一部だ、ということになります。これに対して、ステークホルダー・マッピングは、場合によっては少数の政務官だけで、諜報《ちょうほう》活動を通じて得た情報なども織り交ぜて、行うこともあるでしょう。

より具体的なフォーマットのレベルになると、異なる組織で異なるものを使っています。一例をあげると、ＪＩＣＡ（国際協力機構）の開発プロジェクトは、ＰＣＭ（Project Cycle Management）というプロジェクト管理手法で統一的に管理されていることになっています。ＪＩＣＡのプロジェクトに携わる場合には、契約コンサルタントであっても、ＰＣＭ研修受講修了証を持っているという具合になっています。ＰＣＭにそったプロジェクト立案では、まずステークホルダー・マッピングとしての「関係者分析」を行い、因果関係分析としての「問題分析」を行います。次に「問題分析」結果にもとづいて「目的分析」を行います。目的群を階層構造で示せるようになったら、上位目標、プロジェクト目標、成果、活動、といった概念で結果を整理して、より実務的なＰＤＭ（プロジェクト・デザイン・マトリックス）やＰＯ（プラン・オブ・オペレーション）などの文書を作成していきます。そしてその枠組みにしたがって進捗状況のモニタリングや成果の評価も行っていきます。

第5章　紛争対応の政策

　ここまで紛争解決の基本的な概念構成と考え方、そして分析の視点の基礎を見てきました。入口の話として、日常生活にも紛争があるというところから入り、一般論を語ってきました。少し抽象的なところもあったかもしれません。

　本章から徐々に、より具体的に事例を想定しながら説明をしていくために、武力紛争に焦点をあてた話をしていきたいと思います。そのためにまず、一般論としての紛争分析の枠組みが、どのように武力紛争に対応する政策形成の流れを作っていくか、考えていきたいと思います。

　そのために便利だなと思っているのが、ケネス・ウォルツの「三つのイメージ」を参照することです。ウォルツを参照して紛争解決論の大枠の考え方を説明するのは、紛争解決論では必ずしもよく見られる標準的な方法ではないかもしれませんが、国際政治学ではよく見られるものです。

分析レベルの問題

ケネス・ウォルツというのは、二〇世紀後半の冷戦期にアメリカで活躍した国際政治学者です。いわゆる新現実主義者（neo-realist）として知られる著名な理論家です。ウォルツには主著が二つありますが、ここで取り上げたいのは、若かりし頃のウォルツが博士論文を書き直して出版して一躍有名になった書『人間・国家・戦争』です。学説史の理解のために重要な書となっているだけではなく、方法論的な視座を養うためにも重要とされています。

ウォルツに影響された他の学者たちが、『人間・国家・戦争』の内容をふまえて、「分析レベル問題（level of analysis problem）」をより一般化させました。それは国際関係学でも、方法論を扱う授業で古典として語られます。その内容は、紛争解決論の観点から見ても、親和性の高い内容を持っています。

まだ第二次世界大戦の記憶の残っていた一九五〇年代に、ウォルツは、戦争の原因をめぐる学術研究が混乱していることを嘆きました。ウォルツは、混乱は、方法論的な整理が行われていないために発生していると考えました。全く異なる「分析レベル」での議論をぶつけあっても、決してかみあうことはない、とウォルツは考えました。

「分析レベル」とは何でしょうか。分析している対象が存在している次元という意味です。

同じ一つの戦争を分析するとしても、異なる次元から見て分析していくことが可能です。

たとえば「戦争は人間の利己的な性質が起こすものだ」という考え方を重視するならば、人間に焦点をあてた分析レベルを設定しないと、的外れになってしまいます。これに対して、「戦争は国家構造の不備が起こすものだ」という考え方を重視するならば、国家に焦点をあてた分析レベルを設定しないと、的外れになってしまいます。ところが、「戦争は国際システムの不備で起こるものだ」という考え方を重視するならば、国際システムに焦点をあてた分析レベルを設定しないと、的外れになってしまいます。

このように、何に焦点を当てて分析するかという問いは、どの分析レベルで分析を行うかという問いでもあります。異なる分析レベルの視点の優劣を比較することは、基本的には推奨されません。異なる分析レベルからの分析は、併存するものと理解しておくのが基本です。

第二次世界大戦を例にとってみましょう。ある分析者は、人間に着目し、ヒトラーの異常性格が戦争を引き起こした、と考えるかもしれません。ヒトラーの思想を言動の解析を通じて分析したり、ヒトラーの幼少期の経験が人格形成に与えた影響などを分析したりしていくでしょう。ドイツのみならず、主要国の主要な政治指導者の性格や行動の分析も、まさにABCトライアングルを使ったりしながら、分析していくことになるでしょう。

別の分析者は、国家の構造に着目し、たとえばドイツの第一次世界大戦後のワイマール体制の崩壊が、ナチスの独裁を通じて、第二次世界大戦を引き起こした、と考えるかもしれません。ワイマール憲法がわずかの期間のうちに崩壊していった脆弱性《ぜいじゃくせい》を分析したり、ナチスドイツ統治下の国家構造が好戦的な性格を持っていたことを分析したりするでしょう。ドイツのみならず、日本及び他の主要国が、どのようにして戦うことを選択していったのかも、分析していくことになるでしょう。

さらに別の分析者は、国際システムに着目し、当時のヨーロッパの国際的な安全保障の仕組みの欠陥が戦争を引き起こした、と考えるかもしれません。国際連盟やロカルノ体制が導入したはずの（地域的）集団安全保障体制の不備を分析したり、英仏の外交政策の行き詰まりを分析したりするでしょう。ヨーロッパ域外の大国の動きが世界的な規模での国際情勢に与えた影響も、分析していくことになるでしょう。

これらの三つの領域の分析は、それぞれの領域で、優れていたり不足していたりするでしょう。ただ相互に比較して、どれが正しいか、どれが間違っているか、と論じることには、あまり意味はありません。なぜなら、これらのいずれもが、正しい着眼点であると考えられるからです。果たして真の戦争の原因は、人間か、国家か、国際システムか、と問うてみても、哲学的な思索が深まるだけで、決して回答が得られることはありません。なぜならいずれもが正しい、原因は複合的である、ということが考えられるからです。

人間に焦点をあてた分析で明らかになったことと、国家に焦点をあてた分析で明らかになったことと、容易に両立します。いわばツリーモデル分析における別々の原因の系統として並存しうるのです。もちろん、どちらがどれくらい深刻だったかと比較することは可能ですし、その比較に意味があるときもあるでしょう。ただどちらが正しいのかをめぐって論争をしようとしても、かみ合うはずがありません。まずはそれぞれが異なる分析レベルでの分析であることをふまえて整理をしていくべきでしょう。

第1イメージ――人間の性質

ウォルツは、人間に戦争の原因がある、という考え方を、第1イメージと呼びました。この考え方の古典的な代表例として挙げられるのは、一七世紀イギリスのトマス・ホッブズです。ホッブズは、近代国家の礎となる社会契約論を、それまでにない説得力のある形で説明した思想家として有名です。主著『リヴァイアサン』では、「自然状態」で自己保存の自然権だけを持つ人間たちが互いに殺しあう「万人の万人に対する戦争」の悲惨が描かれた後、全員が全ての権限を主権者に預ける社会契約の妥当性が説明されます。結果としてホッブズは、絶対王政を擁護しました。

ホッブズの思想の出発点は、人間の最も基本的な自然権は自己保存の権利である、というものです。しかしそうであるがゆえに、人間が権利を行使しあっているだけの「自然状態」では、殺し合いが続きます。そこで殺し合いを止める集中した権限を持つ主権者が求められるわけですが、この考え方の前提になっているのは、人間とは自己保存のことだけを考えて他者を排斥することも厭《いと》わない利己的で邪悪な生き物である、という世界観です。ホッブズは、イギリス革命とヨーロッパ大陸の三〇年戦争の時代に生きていましたから、この世界観は体感にもとづくものだったのでしょう。

このホッブズの考え方にもとづくと、利己的で邪悪な人間の横暴を防ぐには、あらゆる人間から超越した最高権力を作るしか解決策がありません。なぜなら、その強権で人間たちを脅かして従わせるしか、混乱を防いでいく方法がないからです。超越的な権限を持つ主権者だけは、万人に対して自由に横暴にふるまうことができます。しかしホッブズは、そのような専制であっても、万人の万人に対する戦争よりは、まだましであると、主張しました。

つまりホッブズの分析が正しいと、強権的な中央政府に権限を集中させていくことが、紛争解決の政策的な方向性になります。人間の利己的で邪悪な性質による混乱は、権力者の力によって抑止していく以外には制御する方法がないのです。

この第1イメージのグループに属する国際政治学者が、ハンス・モーゲンソーだとされます。モーゲンソーは、人間の生来的な邪悪さを強調することによって国際政治が権力闘争の場であることを説明しました。強権的な中央政府が存在していれば、邪悪な人間たちも勝手に戦争を起こしたりすることはできません。しかし国際政治においては、そのような中央政府は存在していません。そこでモーゲンソーは、権力政治の場としての国際政治の性格は不変であることを強調しました。唯一の解決策は、世界政府の樹立ですが、それを達成できる見通しは非常に乏しい、とモーゲンソーは考えていました。

ホッブズは絶対王政を擁護し、モーゲンソーは権力政治の国際政治を強調した理論家でしたが、同じ人間観を基盤に持っていた点では共通していた、あるいは同じ世界観だったので国内政治と国際政治では異なる結論を出した、と言えるところが面白いですね。

いずれにせよこのように、第1イメージの紛争原因をつきつめると、中央集権国家が必要であるという政策面での結論が出ます。もし中央集権国家が作れない場合には、万人の万人に対する戦争が続いていくことになります。

歴史上、多くの革命や内乱が、中央集権政府の樹立がなされるまで続いたという事例は、枚挙にいとまがありません。今日の世界においても、武力紛争の平和構築活動の主眼になっているのは、新しい政府の設立だったり、中央政府の改革を通じた強化であったりします。治安部門改革（Security Sector Reform: SSR）や武装解除・動員解除・社会再統合（Disarmament, Demobilization, Reintegration）と呼ばれる紛争後の平和構築活動は、紛争によって脆弱化した国家機構を再建し、強化することが目的です。ＳＳＲやＤＤＲが重要活動とみなされる背景には、一つの国家において軍隊は一つだけに集中させるべきであり、軍隊や警察などの強制力を持つ組織は、規律正しく振る舞うべきものであると同時に、他の武装組織を凌駕《りょうが》する実力を持っていなければならないものだ、という考え方があります。それは、原理的には、第1イメージのホッブズの伝統だと言えるものです。第1イメージの政策への影響は、現代の世界でも顕著に見ることができるのです。

第2イメージ——国家構造

ウォルツは、国家の構造に戦争の原因を求める立場を、第2イメージと考えました。このイメージを代表する古典的な思想家は、ジャン＝ジャック・ルソーやイマヌエル・カントです。ルソーとは、一八世紀のフランスで、革命を準備する国民主権を唱えたことで有名ですね。ルソーの思想に影響を受けたためにカントが書いたのが『永遠平和のために』でした。彼らによれば、当時のヨーロッパで戦争が絶えなかったのは、集中した権力を行使する王権が腐敗し、私利私欲のために戦争を繰り返すためでした。国民の大多数が望んでいないのに戦争が起こってしまうのは、王権に権力が集中しているためです。抑制する権力ないので、腐敗も起こりやすくなっています。彼らの結論は、国家体制の仕組みが間違っているために、戦争が頻繁に起こる、ということでした。

したがってこの第2イメージから導き出される政策的な方向性は、国家体制の変更です。ルソーは「一般意思」を体現する主権者である国民全体が、直接的な統治をするような国家体制を求めました。カントは、諸国がすべて王制を廃止して共和制に移行すれば、ヨーロッパには永久的な平和が訪れると考えました。第2イメージの代表的思想家は、共和制や民主主義の理念による国家体制の樹立・普及が、戦争をなくしていくための方法だと考えるのです。

現代世界でも二〇世紀末から冷戦終焉《しゅうえん》後の世界で注目されるようになった「民主的平和理論（democratic peace theory）」は第2イメージの延長線上にあるものだと考えられます。

マイケル・ドイルら二〇世紀末に活躍した国際政治学者のグループは、一八一二～一五年の米英戦争以来、民主主義国同士は戦っていない、と強調します。これだけ長期にわたって民主主義国同士が戦っていないのは、かつてルソーやカントが主張したように、民主主義国には戦争をしない傾向があるからなのではないか、というのが、民主的平和理論の含意です。

冷戦終焉を自由主義世界の勝利と捉える傾向が強かったアメリカでは、冷戦終焉後に大統領に就任したビル・クリントンとジョージ・W・ブッシュが、好んで民主的平和理論に言及しました。クリントン大統領は、一九九四年にハイチで、一九九五年にボスニア・ヘルツェゴビナで、一九九九年にコソボで、NATOを主導してアメリカを軍事介入させました。いずれの場合でも、紛争解決にあたって民主主義を促進することが効果的だという考え方を推進し、国際社会の平和構築活動の流れに影響を与えました。そもそもクリントン大統領の時代に進められたNATOの東方拡大（旧ワルシャワ条約機構に属していた旧共産圏の東欧諸国をNATO加盟国として迎え入れること）も、民主的平和理論の考え方に影響されていたものだと言えるでしょう。共産主義を放棄して民主化を進めた東欧諸国は、民主主義諸国の同盟機構であるNATOに迎え入れられるべきだし、そうすることによって平和を強化することができる、という考え方が基盤になっていました。

ブッシュJr.政権では、二〇〇一年にアフガニスタンに軍事介入した後の国家建設の試みや、二〇〇三年にイラク戦争を仕掛けた後の国家建設の試みを、民主的平和理論にもとづいて正当化したことが際立ちました。他国の独裁的な政権を転覆させる行為は、その後に民主的な国家の樹立につながるのであれば、正当化されるし、世界をより平和にもする、という考え方が、超大国アメリカによって大々的に追求されたのです。

なお国際機関による平和活動の場合でも、民主主義は推進すべき政治原則であるとみなされています。公正な選挙に向けた支援だけでなく、民主的なガバナンスを達成するための活動への支援は、アメリカの援助機関である米国開発援助庁だけでなく、世界銀行（WB）や国連開発計画（UNDP）などを通じても、行われてきています。国連平和維持活動（PKO）が、その活動のすそ野を広げて、現地政府の能力構築の支援にあたる際にも、民主化支援は一つの大きな指針となる場合が少なくありません。

国家が戦争の原因であるという第2イメージの推論は、分析の出発点では、あらゆる国家体制に対して中立的な視点を持つことができます。ただし歴史的には、絶対王政を否定して共和制や国民主権の原理を正当化するために働きました。現代でも民主主義の普及を通じた国際平和の強化を図る陣営の理論的基盤となっている傾向が顕著です。いずれにせよ第2イメージの影響力は、歴史を通じて大きいものでしたが、現代世界でも非常に大きいと言えます。

第3イメージ——国際システム

第3イメージは、国際関係のシステムに戦争の原因を見出します。国際システムに不備があるので、戦争が起こってしまう、という事情を分析します。ウォルツ自身は、第3イメージを重視する理論家として知られます。もう一つの主著『国際政治の理論』では国際システムレベルでの二極構造システムの安定性について論じた人物でした。

ウォルツに代表されるネオリアリズムは、古典的リアリズムと比して、第3イメージを重視する点が異なっているとされます。両者は、国際関係が権力政治の混沌《こんとん》とした社会であることを強調する点で、リアリズムとしての性格を共有するとされます。しかしモーゲンソーによって代表される古典的なリアリズムは、人間の利己的な性質に、戦争の根源的な原因を見出します。これに対して、ネオリアリズムは、国際システムの不備が戦争を引き起こすことを重視します。

国際システムは、本質的にアナーキー（無政府的）なものです。世界政府がないという意味で、国際社会がアナーキーなものであることは、端的な事実です。ですが、国際政治学者の意見は、そこから分かれます。古典的リアリズムのように、アナーキーな条件下では利己的な人間の性質から権力闘争が永久に繰り広げられると考える者もいます。ヘドリー・ブルに代表されるイギリス学派（English School）と呼ばれるグループの人たちは、アナーキーな国際社会に存在する共通の制度や規則などが秩序を形成していることに着目します。ウォルツに代表されるネオリアリズムは、イギリス学派のように秩序を見いだすことまではしませんが、国際システムにおいても一定の安定性が見いだされることは強調します。

国際システムの構成単位である諸国家は、自助の原則にもとづいて、利益を最大限に確保するために動いています。冷戦時代のように突出した超大国が二つある場合、どちらかと同盟関係を結んだほうが安定することを諸国は見抜きます。そこで、自助の原理に従って動く諸国家が、自ら求めて超大国との同盟関係を望む現象が発生します。そうして二つの超大国が存在する国際システムでは、多数の諸国が二つの陣営のどちらかに参加するため、二極分化現象が起きます。結果として、二つの陣営が対峙《たいじ》する二極構造型のバランス・オブ・パワー（勢力均衡）の国際システムができあがることになります。

一九世紀までの古典的なヨーロッパの国際社会では、二極分化の構造は、一触即発のにらみ合いになり、不安定になると考えられていました。特にイギリス人は、状況に応じて立ち位置を変えるバランサーとしての自らの役割を誇っていました。第一次世界大戦が起こってしまい、止めることもできなくなったのは、二つの同盟陣営に全ての大国が分化していった結果、バランス・オブ・パワーのメカニズムが機能しなくなったためだと考えられていました。これに対してウォルツは、二つの超大国が作り出す二極構造のシステムは、多くの大国が作り出す二極分化のシステムとは異なり、安定化すると考えました。つまり二〇世紀の冷戦期の二極分化型のバランス・オブ・パワーは、一九世紀までのヨーロッパにおける多元的なバランス・オブ・パワーと比べて、二つの超大国の裁量による自由度も高く、システムとしての安定度が高いと考えたのでした。

ウォルツのバランス・オブ・パワーに関する考えを、紛争解決論に関する政策に発展させていくのは、必ずしも簡単ではありません。仮にウォルツの言う通り、二極分化型のバランス・オブ・パワーは安定性が高いとしても、それを作り出す政策は、簡単には立案・実施できないからです。

ただし、国際システムのあり方が、戦争の発生に関する決定的な要素となるという観察は、紛争解決論の観点からも極めて重要です。国家間の紛争の解決を、国際システム全体の観点から考えていくべきなのは自明でしょう。しかしそれだけではありません。地域紛争が起こった後の平和構築などにおいても、国内の様々な問題の解決にばかり注意を向けるのは適切ではありません。周辺国との関係や、地域的な安全保障メカニズムとの関係も確立していかないと、その国はやがて不安定化していくでしょう。

おわりに

本章では、ウォルツの三つのイメージを題材にして、戦争の原因の分析には様々な「分析レベル」があることを見てきました。そしてそれぞれの分析レベルに応じた紛争解決のアプローチがあることを見てきました。異なる分析レベルが併存するという認識は、異なる紛争解決の政策が併存しうることを意味します。

ウォルツの三つのイメージは、あくまで題材でしかありませんが、大きな切り口を示す興味深い枠組みの例であるでしょう。そこで皆さんによく知っておいていただきたいのは、分析の結果が、政策の方向性を決める、ということです。ただしその方向性とは、決して単一のものである必要はなく、あるいは単一であるべきではありません。異なる複数の分析レベルから導き出される複数の政策の方向性は、共存しうるものです。それどころか、むしろそれらは同時に、総合的に追求されていくべきものであるのかもしれません。

コラム　民主化の紛争解決における意味——カンボジアの事例

民主化促進が、紛争解決に役立つという考え方が広まったのは、冷戦が終わってからだと言えます。それまでの国連PKOなどには、そのような考え方はありませんでした。そのため一九九〇年代には、過渡期の悩みが生まれていました。そのことを一九九〇年代前半に大規模な国連PKOを受け入れたカンボジアの事例で見ていきましょう。

カンボジアでは、典型的な冷戦型の武力紛争が起こっていました。カンボジアは、独立以来、シアヌーク王の下で、中立路線をとっていました。ところがベトナム戦争に手を焼いたアメリカが、北ベトナムのベトコンがカンボジア領内のジャングルを補給路で使っていることを深刻視し、手を打たないシアヌーク王を失脚させるために、ロン・ノル将軍のクーデターを手助けしました。このクーデターはカンボジア情勢を流動化させ、内戦状態となったあげくに、一九七五年には悪名高い毛沢東主義者で知られるクメール・ルージュが首都プノンペンを陥落させました。クメール・ルージュ統治の時代に、苛烈な弾圧と、無理な強制労働によって、数百万人の人々が亡くなりました。その頃、国際的には米中接近もへて、中ソ対立は激化していました。そこで中国に近いクメール・ルージュ政権と、ソ連に近いベトナムが対立し、ベトナムに亡命していたカンボジア人とベトナム軍がクメール・ルージュ政権を一九七九年に倒しました。その後に生まれたヘンサムリンを首班とする政権は、親ベトナム路線をとりました。そのため、タイに逃れたシアヌーク派やクメール・ルージュや他の勢力は、アメリカや中国の支援を得て、ヘンサムリン政権に対する武装闘争を続けました。

この状況を一気に霧散させたのが、冷戦の終焉という事件でした。紛争当事者たちは、資金的な裏付けを失い、和平合意に参加してきました。フランス、オーストラリア、日本が主導して、パリ和平協定が結ばれ、選挙を通じた新しい政府をつくっていくことで内戦を終わりにする方向性が合意されました。その実施を確証する目的で、当時としては史上最大の規模で包括的な権限を持つ国連PKOのUNTACが展開していきました。

実際に選挙が行われてみると、シアヌークの息子であるラナリットが党首を務める政党が勝利を収めたため、フンセン首相は選挙に不正があったと言い出しました。UNTACを率いていた明石康・国連事務総長は、そこで画期的な調停案を提案しました。首相をはじめとして、全ての大臣・副大臣を、二つの政党から二人ずつ出す、という案です。紛争解決論の観点から見ると、「目的物を拡大する」、という方法で、利益の調整を図ったものでした。

この調停は成功し、両党ともにこの案を歓迎しました。UNTACは活動の成功を宣言して撤収しました。しかし実際には、二人大臣制は、永続性のある案でなかっただけでなく、選挙で勝った党に不利で、フンセン首相の権力基盤を温存するものでした。弱体化したクメール・ルージュは、国軍による攻撃と、下級兵士に対する恩赦と組み合わせた投降呼びかけで、壊滅しました。するとフンセン首相は、今度は第一首相であるラナリットに対するクーデターを仕掛けて、独裁的な権力基盤を固めました。

このように国連の紛争解決の努力は、冷戦の終了とともに終わらざるを得なかった一つの紛争を本当に終わりにしていくことに貢献しました。その一方、民主化に力点を置かなかったため、独裁政権の成立を助ける効果を持った、と言われれば、否定できないでしょう。

欧米には、カンボジアにおける紛争解決はフンセンの独裁体制強化を助けただけに終わったので失敗だった、とする見方は強くあります。総合的な評価は簡単ではないのが実情です。

第6章　紛争分析と国際政治

政策を決定する紛争分析

前章では、紛争分析の延長線上に紛争対応の政策があることを、国際政治学の議論に即して見てみました。紛争分析のレベルに応じて、紛争対応のレベルも生まれます。結局のところ、論理的で優れた紛争対応は、優れた紛争分析から生まれてくるものなのです。分析が適切であって初めて、それに対応した適切な政策の目的を設定することができ、適切な政策の手段を設定することもできます。

かつて二一世紀初頭に国際連合事務総長を務めていたコフィ・アナンは、次のように述べたことがあります。「国連の関与にとっての平和構築の戦略は、語の普通の意味で「戦略的(strategic)」であるべきである。つまり手段(means)を目的(ends)と合わせるということである。平和構築の戦略は特定の紛争を狙って設定されなければならないが、ほとんどの紛争に合致する広い媒介変数を見出すことはできる」。

たとえば、二一世紀の紛争解決にあたっては、「法の支配（rule of law）」が強調される機会が増えてきました。それは法の支配の不備が紛争の原因になっている機会が、数多く観察されるようになった、ということを意味しているはずです。もし武力紛争の原因が、政府の圧政による人々の信頼の喪失だとしたら、紛争解決のための政策の目的は、人々の信頼を回復するような法の支配にしたがう政府の樹立、ということになります。そこで導入される政策的な手段は、当然ながら、この目的を達成するために適切で効果的なものでなければなりません。法の支配に関わる政府の行政・司法部門の改革や人権規範の普及への支援といった政策が導入されることになります。

もし武力紛争の原因が、貧困問題にあると分析されるのであれば、貧困削減が紛争解決の政策的な目的に掲げられ、貧困削減に寄与する政策的な手段が導入されなければなりません。宗教や人種などの人間集団のアイデンティティにかかわる憎悪などが、武力紛争の原因になっていると認められる場合には、アイデンティティ集団間の憎悪の軽減が紛争解決の政策的な目的に掲げられなければなりませんし、その目的に寄与すると期待される文化的・社会的活動が政策的な手段として導入されなければなりません。

紛争分析は、紛争対応の政策を決定していきます。本章では、その観点から、特に武力紛争の分析として用いられてきた主要な理論を拾い上げて、説明していきます。

なお実際の政策に影響を与えてきた理論を概観していくので、その対象は通常の紛争解決論の教科書で記載されているものだけでなく、国際政治学の関連書などで見られるものも含みます。なるべく大きな影響力を持った理論を、政策とのかかわりが見えやすいような形で、紹介していきたいと思います。

国際政治学の主要理論

前章では、ウォルツの三つのイメージを枠組みにしながら、国際政治学における紛争理論についてふれました。国際政治学において、戦争と平和は、主要な柱となる問題関心です。歴史的に言えば、国際社会における戦争と平和の問題を体系的に議論するために、二〇世紀前半に国際関係学（国際政治学）という学問分野が分化してきたとも言えます。したがって今でも国際政治学の主要な学派は、紛争分析に関わる特徴を持っています。

代表的なものがリアリズム（現実主義）です。モーゲンソーの古典的な現実主義では、人間が持つ根本的に利己的な性質から、権力闘争としての国際政治の現実が説明されます。モーゲンソーは「国益（national interest）」の概念を強調し、国益追求の観点から合理的と思われる行動をせめてとっていくことが大切だと主張しました。世界政府の樹立ができない国際政治においても、なおバランス・オブ・パワーなどの紛争緩和措置をとっていくべきだというわけです。ただし、モーゲンソーの理論の場合には、政策的努力は全て、せいぜい緩和措置でしかありません。「国益」の観点の導入は、権力闘争をより合理的な計算のできるものにするだろうと期待されるにすぎません。

モーゲンソーにとっては、権力闘争としての国際政治の性格を変えることは、どんな政策を導入しても、できません。なぜなら紛争は人間の利己的な性質に起因するので、国際政治における措置だけでは変更できないからです。人間が国家機構を通じて作り出す国家間紛争は、国家が従属する世界政府が設立されたときには、大きく性格を変えるかもしれません。しかしそれもほとんど不可能なので、モーゲンソーの古典的現実主義は、究極的には突破口のない悲劇的な世界観です。

このモーゲンソーの世界観は、本書が第1章から説明してきている紛争解決論の全体が前提としている概念枠組みと、類似しています。紛争解決学では、紛争は人間の生活に無数に存在していますが、それは利益を求めて生きる人間の根本的な性質のためです。ただし紛争解決論では、日常生活の細かな紛争から管理可能なものだと考えるので、国際政治が絶対に不変の傾向を持つとまでは考えません。人間の一つ一つの行動を改善し、その改善を積み上げていくことによって、大きな国際政治の場も改善されるはずだと推定するからです。

国際政治学の教科書を読むと、リアリズムに対比される学派に、リベラリズムと呼ばれるものがあることが紹介されています。これは国家間の対立をこえて諸国が協力することは可能であり、その基盤として普遍的な規則や制度を導入することも可能だと考える学派です。おおむねウォルツの第2イメージに対応しています。この学派の見方によれば、武力紛争が発生するのは、国際社会の規則に従わない国家が現れたときです。国際社会の規則の拘束性が緩んだときに、秩序は乱れます。国際社会の制度の充実度が、武力紛争を避けられるかどうかの試金石になります。

ネオリアリズム（新現実主義）は構造的現実主義とも呼ばれます。国際システムの構造は安定を見出す傾向をもちますが、それが機能不全を起こしたときには破綻が訪れます。ウォルツの見方では、二つの超大国が二極分化した構造を維持する限り、国際政治には安定の傾向が維持されます。自助の原理で動く諸国は、超大国との同盟関係を望みます。もし超大国が一つしかない場合には特に顕著に「バンドワゴン効果」が見込まれます。弱者が強者の乗り物に相乗りをしたがるという現象です。覇権国が単独で存在するとき、諸国が覇権国の指導によく従うため、国際システムは安定する、という「覇権安定論」にも、同じような含意があります。逆に言えば、超大国が弱体化したり、新しい超大国が出現したりする場合には、国際政治は構造的変化を経験することになり、不安定化の度合いを強めることになる、と言えるでしょう。

二一世紀における中国の超大国化で、「トゥキディデスの罠《わな》（The Thucydides Trap）」という概念がよく語られるようになりました。新たに覇権を狙う国が現れてきたとき、戦争が不可避な状態まで従来の覇権国家と、新興の国家がぶつかり合うようになる現象のことを言い表しています。

トゥキディデスは、古代ギリシアの著述家です。『戦史』という著作の中で、古代ギリシアのスパルタとアテナイの間の構造的な緊張関係（ペロポネソス戦争）を詳細に描き出しました。トゥキディデスは、ペロポネソス戦争の原因を、アテナイが経済大国として急激に台頭したため、旧来の大国であるスパルタが警戒を強めたことに見出しました。このトゥキディデスの洞察を、大国間の力関係の変化が起こる際に、国際システムは不安定化するという一般的な観察として理解したのが、グレハム・アリソンという国際政治学者でした。

この観察は、国力を衰退させているアメリカと、国力を充実させ続けている中国との間の現在の関係にもあてはまると思われたため、「トゥキディデスの罠」という見方が広く知られることになりました。いずれにせよ背景にあるのは、超大国の力が変化していくと、従来のバンドワゴン効果や覇権安定論が有効性を失い、国際社会は不安定性を増していく、という理論的洞察です。

地政学の主要理論――創始者マッキンダーの世界観

「地政学（geopolitics）」と呼ばれている学問的分野があります。大学で「地政学」という講座名があることは稀《まれ》なので、厳密な意味で一つの学科を形成しているとは言えません。ただし国際政治学や紛争解決論を学ぶとき、地政学の洞察は非常に示唆に富むものですし、様々な議論の機会に言及されることが多いものです。

地政学の創始者と言うべき立場にあるのは、二〇世紀初頭に強い影響力を誇ったハルフォード・マッキンダーです。マッキンダーは、もともとは地理学者でした。しかし地理的事情をふまえて政治情勢を分析することを好んでいました。そこでマッキンダーの仕事を描写するため、地理＋政治学という意味で、地政学という言葉が生まれてきたのです。

マッキンダーは、単に地理的条件をよくふまえて国際政治を語る、というだけではない特徴を持っていました。地理的環境が国家の政治的性質を決定する、という考え方が色濃い一般理論を編み出したのです。そして、それによって世界に大きな影響を与えました。

マッキンダーによれば、ユーラシア大陸の内奥部に「ハートランド」と呼ぶべき心臓部があります。これは北側に北極という人間が住まず、交通路もない場所を持ち、大洋に通じる大河もないという地理的条件からも、特別に隔絶された性格を持っている地域です。マッキンダーはこの地域に位置する国家を、「陸上国家（land power）」と呼びます。具体的には、ロシアがこれに該当することは、言うまでもありません。

マッキンダーにとってユーラシア大陸こそが、世界の陸地を代表する部分です。ただし、アフリカ大陸はユーラシア大陸と事実上は陸続きであると考えます。そこで両者をあわせて「世界島」という概念も提示します。この世界島の中央部に位置し、周辺からの影響を受けにくい特別な地理的環境を持っているのが、「陸上国家」の典型であるロシアです。

マッキンダーの一般理論にしたがえば、「世界島」以外で大陸と呼ばれている地域は、実際にはそのような言い方には値しないものでしかありません。たとえばアメリカ州は、島です。そこに位置する国家は、「海洋国家（sea power）」と呼ばれます。日本やイギリスをはじめとする島国も、当然「海洋国家」群に属する国です。マッキンダーの概念構成に従うと、ユーラシア大陸に近い地域にあるイギリスやインドネシアや日本のような島国は、「内側の三日月地帯」を形成しています。アメリカやオーストラリアは「外側の三日月地帯」に属します。世界は、「世界島」を中心にして、その外周部分を島々が取り囲むという構造によって成り立っています。

この地理的構造から、「陸上国家」は、内陸の深奥に押し込まれています。そのため国力を充実させて外へ外へと膨張し、いつか海洋へのアクセスを得たいという本能的な衝動を持っています。これに対して「海洋国家」は、「陸上国家」の海岸部への到達を恐れ、未然に防ぐための行動をとってきます。典型的には、「世界島」の半島部（これをマッキンダーは橋頭保［bridgehead］と呼ぶ）へのアクセスを確保し、これによっていつでも必要に応じて大陸に介入することができるようにします。アラビア半島、インド大陸（半島）、マレー半島、朝鮮半島などが、典型的な橋頭保だと言えるでしょう。「海洋国家」は橋頭保へのアクセスを奪われてしまうと、大陸にアクセスできなくなるだけでなく、海での動きにも支障をきたしてしまうことになります。

こうした構造を反映して、橋頭保の周辺は、最も強い衝突が起こりやすい地域となります。こうして、「陸上国家」と「海洋国家」のせめぎあいは長期にわたって続いていくことにな

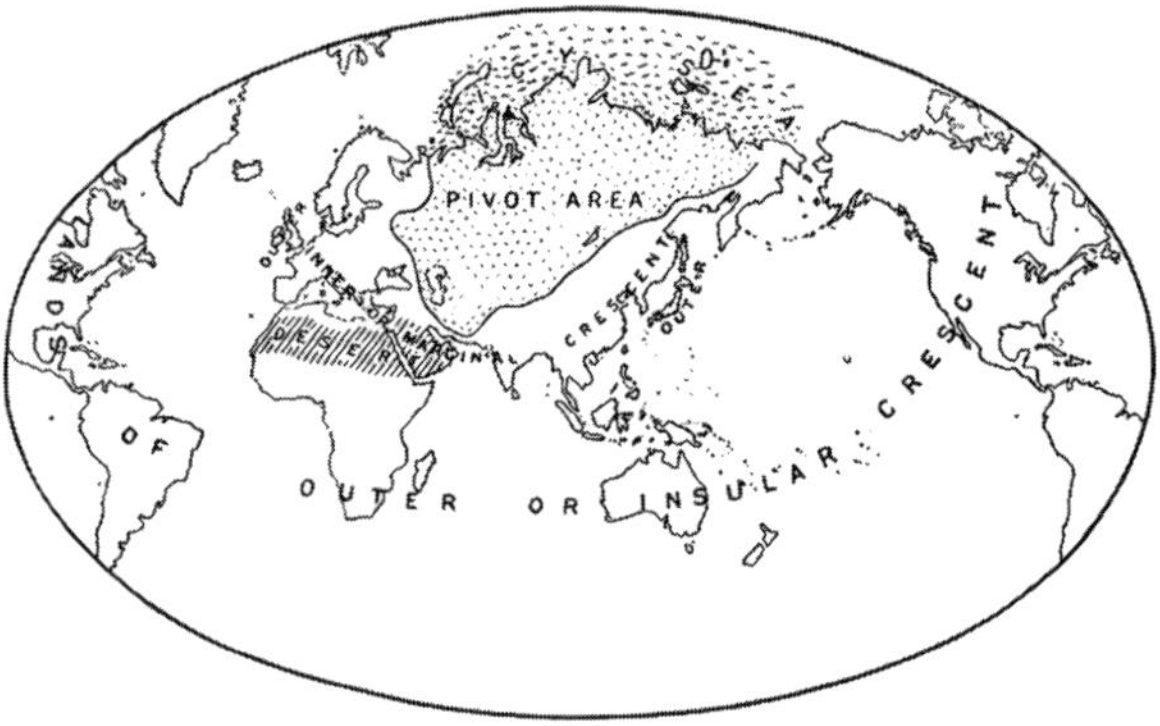

図14　マッキンダー地政学の世界観（出典：ハルフォード・ジョン・マッキンダー『マッキンダーの地政学』原書房）

ります。

マッキンダーの地政学の理論が、一九世紀の国際政治の基調だった「グレートゲーム」を強く意識していることは自明でしょう。海洋に向かって膨張してくるロシアを、イギリスが海洋から抑え込もうするため、ユーラシア大陸の外周部分で、繰り返し両者の衝突が起こる、という図式です。第一次世界大戦が始まる頃には、マッキンダーは当初の理論を修正して、ドイツが「陸上国家」の雄となるべく「海洋国家」群に挑戦をしてきた、と考えるようになりました。本来であればドイツは中間的な存在である「両生類（Amphibia）」と理解すべき国家だと想定されます。しかし、第一次世界大戦ではイギリスとロシアが同盟を組んでドイツと戦ったために、修正が施されたものと思われます。

一八七一年ドイツ帝国成立以降のヨーロッパでは、その中央部に地域最大の人口を擁する強国ドイツが登場したことによって、旧来のバランス・オブ・パワーが不可能になりました。地理的変化ではない要因による政治情勢の変化を、マッキンダーは当初は軽視していました。ただ、間違えたわけではないでしょう。

「東欧を制するものはハートランドを制し、ハートランドを制するものは世界島を制し、世界島を制するものは世界を制する」というマッキンダーの有名な言葉は、「陸上国家」の優位を宣言し、それに対抗する「海洋国家」の戦略構築を促したものと理解されます。ただし、ロシアとイギリスが協働してはいけない、ということまでを意味していません。東欧の重要性を知ったドイツ人は、マッキンダーを読んで、自国が覇権を狙うために最も有利な場所にいる、ということを知ったわけです。ロシアとイギリスも、ドイツが覇権を狙う行動に出る場合には、ドイツを共通の敵と認識して、大同団結すべき理由を知ったことになります。マッキンダーはあまりにも有名になったために、予言をしたのか、実践されただけなのか、わからなくなったということでしょう。

マッキンダー地政学の重要な点は、世界の地理的構造から、世界的規模での紛争の発生構造を洞察したところです。紛争は、複数の当事者が相容《い》れない目的を持つときに生まれます。しかし、なぜ相容れない目的を持ちあっているのか、については一般的な答えはありません。人間は利己的な動物だからといった一般論や、国家構造が歪《いびつ》だからといった政治体制論など、様々な見解を組み合わせて、議論するところです。マッキンダーは地理的「文脈」によって相容れない目的が発生することを理論化した点で、画期的でした。

ハウスホーファー、スパイクマンの地政学

マッキンダーは、それぞれの立場が地理的環境によって異なってくる事情を、世界地図を見せながら、説明しました。これは大変に画期的で魅力的なことでした。地理という可視化して全員共有することが容易なものを根拠にして、「私の利益はこれ、あなたの利益はそれ」と異なる立場や利益を理解しあっていくことができる理論は、他にはあまりありません。紛争解決論の観点から見ても、地政学の有効性は、大きな意味を持っています。

マッキンダー地政学は二〇世紀前半に大きな影響力を誇りました。ただしもちろん反論も、修正の動きも多々ありました。第一次世界大戦の敗戦国であるドイツや新興国の日本では、ロシアを警戒しながらも、イギリスとアメリカの海洋覇権を正当化する含意のあるマッキン

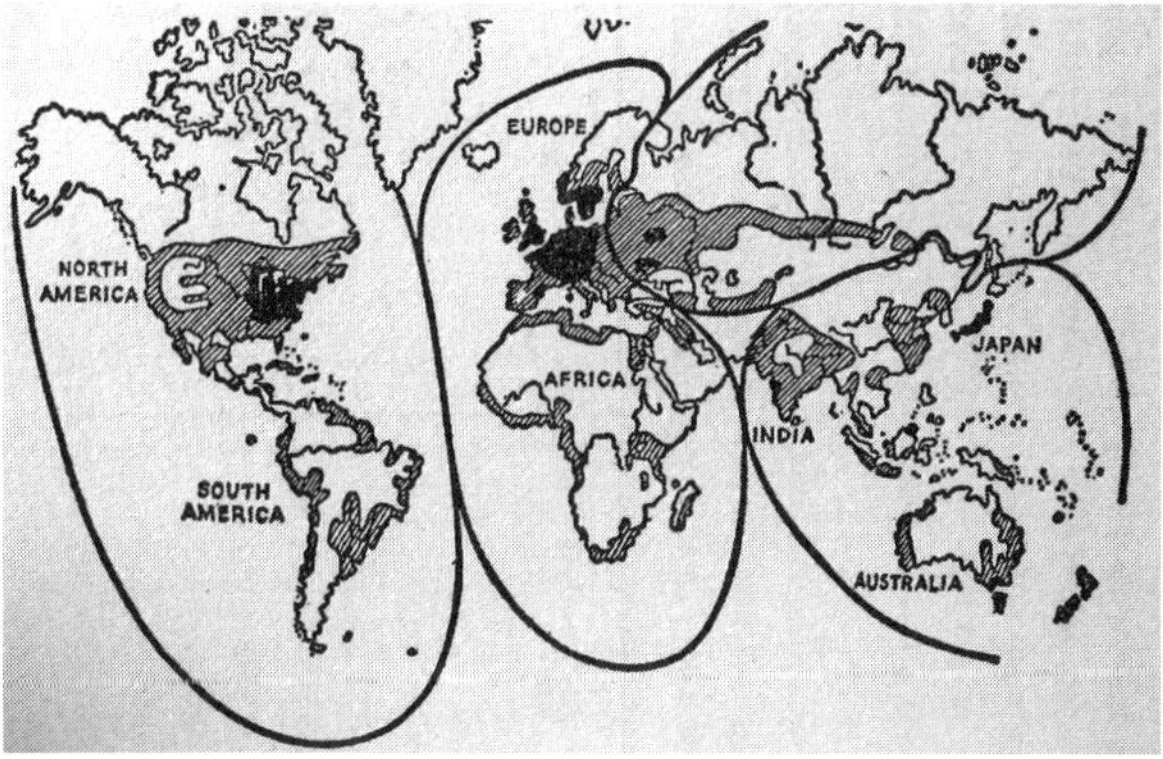

図15　ハウスホーファー地政学の世界観（出典：https://ericrossacademic.wordpress.com/2015/03/05/of-heartlands-and-pan-regions-mapping-the-spheres-of-influence-of-the-great-powers-in-the-age-of-world-wars/）

ダーを乗り越えることが、大きな課題でした。マッキンダーよりも前から大陸諸国に存在していた地政学の流れを汲《く》みながら、マッキンダーとは異なる地政学理論を作り出したのは、ドイツのカール・ハウスホーファーです。

一時期はヒトラーとも非常に近かったとされるハウスホーファーは、ドイツと日本の同盟関係樹立の熱心な主導者でした。なぜかというと、ハウスホーファーは、マッキンダーと全く異なる地理の理解をしていたからです。図15からわかるように、ハウスホーファーは世界を四つの地理的領域に区分けしました。それぞれの領域に盟主国がいます。ヨーロッパ・アフリカ・中東ではドイツ、西半球ではアメリカ、アジア・オセアニアでは日本で、ユーラシア大陸の残り

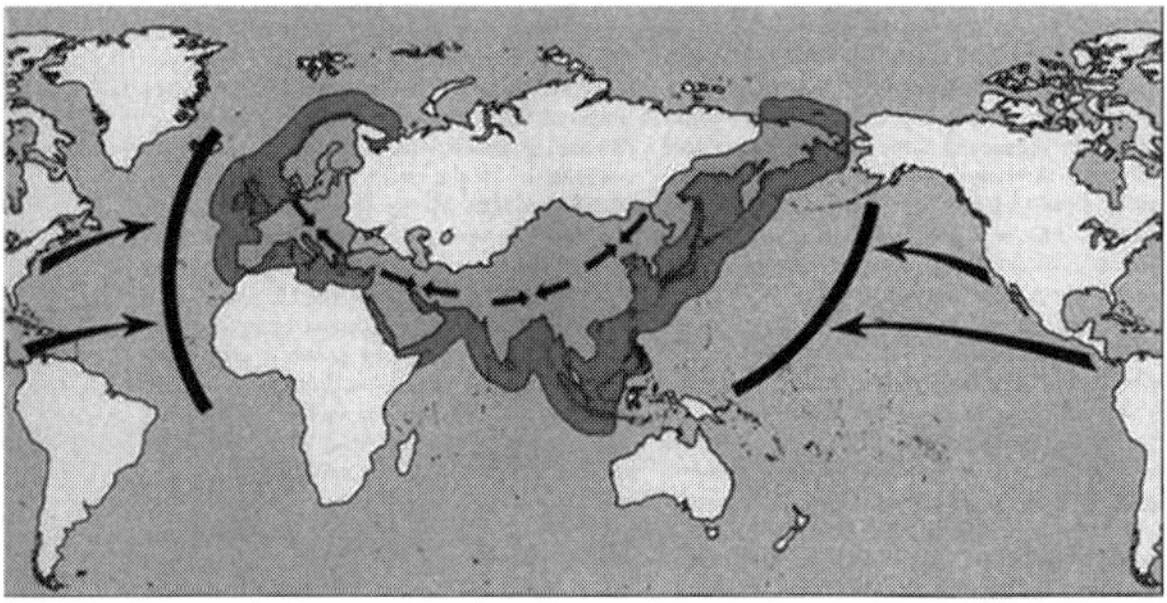

図16　スパイクマン地政学の世界観（出典：ニコラス・スパイクマン『平和の地政学』芙蓉書房出版）

の部分にソ連がいることになります。この世界観が正しいと、ドイツは日本との同盟によって、アメリカを挟み撃ちにして封じ込めることができます。あとはソ連との間でそれぞれの影響圏の確定さえしておけば、ドイツの「生存圏」は安定します。第二次世界大戦は、いわばハウスホーファーの地政学が、マッキンダーの地政学に挑戦することによって発生しました。

マッキンダー地政学を発展させた重要なアメリカ人に、ニコラス・スパイクマンという人物がいます。スパイクマンは、マッキンダーの地政学に追加的な修正を加え、ユーラシア大陸の外周部分を新たに「リムランド（Rimland）」と呼び、「リムランドを制する者が世界を制する」というテーゼを打ち出しました。図16からわかるように、リムランドは、大陸外縁の陸地と、それを取り囲む海洋島嶼《とうしょ》国の領域から成り立っています。アメリカという海洋国家の雄からすれば、リムランド海洋地域は、死活的利益をかけて覇権的な陸上国家の支配から防御する地域です。リムランド陸上地域は、大陸への影響力行使を確保するために、覇権的な陸上国家の支配を牽制《けんせい》する地域です。

二〇世紀後半のアメリカの軍事同盟網は主にリムランドに向かって伸びることになりました。また、アメリカが第二次世界大戦以降に大規模な軍事力の行使に踏み切った事例は、リムランドにおけるものばかりでした。そもそも第二次世界大戦がリムランド支配をめぐるものでしたが、一九五〇～五三年朝鮮半島、一九六〇年代～七三年のベトナム戦争、二〇〇一年アフガニスタン戦争、二〇〇三年イラク戦争は、いずれもリムランド（内陸部）で行われたものです。マッキンダー地政学と組み合わせて言えば、特にリムランドの橋頭保（周辺）地域で行われたものでした。アメリカの政策決定者が、スパイクマンと同じように地図を見て、軍事介入の必要性を判断してきただろうことが、うかがえます。

地政学は、一枚の世界地図を共有しながら、それぞれの国の立場の違いを説明していくことができる非常に有用な理論を提供します。その一方、過度の決定論的性格から、似非《えせ》学問と言われることもあります。紛争解決論の観点から見ても、危うい一方的な構図の当てはめの危険性と、魅力的な世界全体の鳥瞰図《ちょうかんず》を提供してくれる有用性が混在している点で、独特の性格を持っていると言えます。

地政学の広範な影響力は、甚大です。マッキンダー、ハウスホーファー、スパイクマンといった人物たちの理論についていえば、理論が正しいから現実が説明されるのか、理論を信じる者が理論にそった政策をとっているからそのように見えるだけなのか、もはや見分けがつかないと言って過言ではありません。

地政学の見方は、他の理論的視点を理解する際にも、役に立つところがあります。たとえば、冷戦が終わった際、フランシス・フクヤマは、「歴史の終わり」という概念を提示しながら、自由民主主義の勝利と普遍化を宣言しました。これは、冷戦構造下で続いたソ連を中心とする「陸上国家」同盟網と、アメリカを中心とする「海洋国家」同盟網の対峙《たいじ》の時代が、後者の勝利という形で終わった、とする歴史観でした。実は、フクヤマの主張の基本線を、マッキンダー地政学と重ねあわせることは、それほど難しくありません。

これに対して「文明の衝突」のアンチテーゼを出したサミュエル・ハンチントンは、非イデオロギー化した世界では、かえってアイデンティティをめぐる闘争が激化し、文明の境界線にそった分断を見せると考えました。ハンチントンの世界観は、ハウスホーファーの地政学と類似しているところがあります。冷戦終焉《しゅうえん》後の世界観・歴史観の争いは、二〇世紀前半における地政学において先取りされていたところがあったとも言えるでしょう。

このようにして考えると、現在進行形で進んでいる中国のイニシアチブである「一帯一路」と、アメリカ・日本・オーストラリア・インドの「クアッド」諸国が中心になって進めている「自由で開かれたインド太平洋（ＦＯＩＰ）」構想を、同じような地政学的な観点からとらえていくのは興味深い視点になります。ＦＯＩＰの視点は、マッキンダー地政学の理論に沿った構図を持っています。中国の「一帯一路」は、実は「陸上国家」の動きとしては奇妙です。海軍力を増強して海洋進出を狙う中国が、「両生類」としての外交イニシアチブを出してきたと見るべきでしょう。

いずれにせよ、世界全体の紛争構図の見取り図を提供する地政学理論は、紛争分析の理論としても、非常に興味深いものです。いったい何が紛争当事者の相容れない目的を形成しているのか、異なる利益はどう生まれてくるのか、それらを調整するとはどういうことなのか、といった点を考えるためにも、紛争解決論における地政学の意味は大きいと言えます。

おわりに

本章では、あえて国際関係学などで語られている国際社会全体の動向に関する理論を、そのまま紛争解決論に援用して、紛争分析と紛争対応の政策に応用できることを示しました。隣接分野である国際関係学の動向をふまえて紛争解決論を考えることが有益だ、ということでもあります。その視点は、武力紛争に関する紛争解決論を議論するときの基盤にもなるでしょう。次章では、より踏み込んで、現代世界における武力紛争の分析に関する議論を見ていくことにします。

コラム　グレートゲームから見たアフガニスタン

アフガニスタンほど「グレートゲーム」の悲哀を見せつけてくれる国はないでしょう。かつて大英帝国にとってインドの植民地経営は、最重要課題でした。そこでイギリスは、インドにおける自国の権益を脅かすロシアの南下政策を警戒していました。ロシアの南下を止めるには、現在のアフガニスタンの山岳地帯がロシアの影響下に入らないように気を付けておくべきだとイギリスは考えていました。実際、ロシアはアフガニスタンを通過して、インド洋へのアクセスを確保することを求めていました。こうしたグレートゲームの事情から、現在のアフガニスタンに住む人々は、繰り返しロシアとイギリスによる軍事干渉政策にさらされることになりました。

アフガニスタンは、第一次世界大戦でイギリスの国力が疲弊したのを見て、独立を宣言しました。その後は、イギリスに代わって海洋覇権を握ってイランやパキスタンにも影響力を行使したアメリカとソ連の間で綱渡りの外交を続けました。しかし、一九七〇年代にソ連の支援を受けた共産主義者のクーデターが起こり、続いてソ連の軍事介入が発生しました。これに対してアメリカは、ソ連に抵抗するムジャヒディンと呼ばれる人々を軍事的に支援し続けました。冷戦が終わってソ連が撤退すると、アフガニスタンには力の空白が生まれ、混乱状態となりました。その混乱を収拾するためにパキスタンの支援を受けて台頭したのが、タリバン勢力です。一時期は国土の九割を実効支配するまで勢力を広げましたが、二〇〇一年のアメリカのアフガン侵攻で、タリバン政権は倒れました。しかしその後に樹立された親米的なアフガン政府の統治体制は安定せず、現在でも国土の全ての統治は事実上できておらず、日夜タリバンやIS（イスラム国）勢力の攻撃にさらされています。

紛争解決論の観点からすると、二〇〇一年一二月に締結されたボン合意が非常に重要です。その後の紛争後平和構築の枠組みを設定したものとして有名ですが、このボン合意に参加したのは、タリバンと対峙していた北部同盟軍関係者と、アメリカが見つけてきた泡沫《ほうまつ》勢力の代表者たちでした。英語を話すパシュトゥーン人としてアメリカに見出されたハミッド・カルザイは、このボン合意を足掛かりにして、大統領職を二期務めるまでに国政の中枢に関わるようになりました。したがってボン合意が、アフガニスタンの国家建設に重要な意味を持っていたことは明白です。しかしそれは和平合意だったのでしょうか?

長く続いた内戦の観点から言えば、紛争当事者の一方であるタリバンが参加しないまま開催された会議を通じて作成されたボン合意は、和平合意とは呼べません。ボン合意は、アメリカがタリバン政権を駆逐したという事実にそって作成されたものでしたが、グレートゲームの構図から見ても、紛争当事者の一方の意向だけにそったものだったと言わざるをえません。

第7章　紛争分析と地域紛争

冷戦が終わった後の国際社会の構造変動で、一九九〇年代前半に武力紛争の数は増えました。当時の国際社会の側も、冷戦時代の対立構造が消えて、国連安全保障理事会の活動も活発化していきました。そこで武力紛争の原因をめぐる研究も盛んになりました。特徴的なのは、国際機関が主導して、紛争の分析が行われたことです。それだけ政策的なニーズが高かったということでしょう。

国家間紛争がほとんど発生しておらず、国内紛争あるいは国際的なネットワークを持つ組織や外国軍の介入で複雑化した内戦がほとんどである現代世界では、次のような要素が武力紛争の背景にあると考えられています。政治要因として、統治構造の脆弱性《ぜいじゃくせい》、汚職、濫用などがあります。経済要因として、貧困や不平等な格差に加えて、不当な利得追求があります。文化要因として、民族的・宗教的集団などのアイデンティティ集団間の確執があります。その他の社会的要因として、過激思想の蔓延《まんえん》、外国勢力の介入、天然資源管理の不備などの要素をあげていくことができるでしょう。

その他、内陸国であると周辺国の影響を受けやすいため政情不安に陥りやすいことや、険しい地形から中央政府の統治を及ぼすことが困難だったりする地理的要因も、しばしば指摘されます。また、若者人口が異常に多かったり、さらに失業率も高かったりすると、社会は不安定化しやすいと言った人口動態論的な見方もあります。

本章では、冷戦終焉《しゅうえん》後の時代に発展した紛争分析の議論を概観していきます。細部に入るとわかりにくくなりますので、主要なものを拾いあげながら、流れをつけて説明していきます。また、基礎的な概念を明示していくことも心がけながら、進めていきたいと思います。

国連における紛争原因の分析

国連では、アナン事務総長が就任間もない頃に作成した報告書である『アフリカにおける紛争の原因と永続的平和及び持続可能な開発の促進』(SG Report 1998) が有名です。この報告書は、アフリカで武力紛争が頻発している現状を、歴史的遺産、内的要因、外的要因、経済的動機、その他の特殊事情に分けて考察したものです。

歴史的遺産とは、植民地化の歴史に伴う国境線の人工性や民族分布の複雑化などの問題です。内的要因とは、主にアフリカ諸国の統治機構が脆弱で、汚職も進んでおり、人権侵害などの統治上の問題も多いことを指摘したものです。アフリカ出身の事務総長でなければできなかった勇気ある指摘として、喝采を浴びました。同報告書は、外的要因として、アフリカ地域内の周辺国などだけでなく、他地域の大国が介入して悪影響を及ぼすことが多いと指摘して、武力紛争の要因は国際的な広がりを持っていることも明らかにしました。経済的動機とは、武力紛争が政治的事情だけでなく、経済的利得の動機付けからも行われることを指摘したものでした。天然資源が豊富なアフリカでは、武力紛争を通じた資源の収奪によって利得が得られることが、武力紛争が多発する状況の温床になっていることを指摘したものです。

これらの指摘は、いずれも当時の武力紛争分析の動向をふまえたものでした。また国連などの国際機関の政策の基盤になる武力紛争の分析に影響を与えていくものでした。国連はこうした諸問題に配慮しながらPKOを展開させると同時に、問題の解決を目指して開発援助なども行っていくことになりました。

しかし武力紛争の分析が、開発援助などにも影響を与えるとすれば、ODA（政府開発援助）を用いて開発援助を実施している国々も認識を改めていかなければなりません。たとえばOECD（経済協力開発機構）の中にDAC（開発援助委員会）と呼ばれる開発援助ドナー国の集まりがあります。DACは、一九九〇年代後半から、武力紛争を助長しない開発援助を行うために、活発に調査活動の結果を報告していきました。たとえば、二〇〇一年の報告書『暴力的紛争の予防を助ける』（OECD DAC 2001）を見てみましょう。そこでは開発援助における社会的排除、高い若者層の失業率、窮乏化による生活必需品へのアクセスの困難、人権侵害の蔓延、治安状況の悪化、経済的・政治的事情による移民の増大などが、紛争を引き起こしていく要因として特筆されました。

さて二〇一〇年に、一九九八年報告書内容の実施を検証する目的で作成された国連事務総長報告書の内容も見てみましょう。この報告書は、一九九九年以降の一〇年余りで飛躍的な拡大深化を遂げた国連平和維持活動（ＰＫＯ）の成果なども参照しながら、より包括的に紛争原因の分析を見直しました。そこで特筆された紛争原因の領域は、①社会的排除・貧困・汚職、②武装集団、③組織的犯罪、④天然資源をめぐる争い、⑤都市スラムと急速な都市化、⑥海洋安全保障、と整理されました。紛争の原因をめぐる議論の発展あるいは拡大の様子が見てとれます。

統治機構の脆弱性や汚職といったガバナンスに関する問題は引き続き紛争原因だとされていますが、民族的・宗教的なアイデンティティ集団間の確執という社会問題や、格差社会と重なり合う貧困問題なども、やはり紛争原因として認識されています。そこに急激な都市化とスラムの拡大という現象も折り重なってきています。経済成長にもかかわらず、アフリカ大陸の膨大な人口層が、不安定な状態に置かれていることが不安に感じられているということでしょう。

なお一九九八年報告書と同名にした国連事務総長報告書は、その後も継続して作成されています。近年は、特に反乱・テロリズム・暴力的極端主義、法の支配の欠落、土地や水を中心にした資源の管理が特筆されてきています。

対テロ戦争とテロ対策

今世紀になってからの世界に起こったことを象徴しているのが、武力紛争の発生が認識される前から国境を越えて暗躍している武装集団や組織的犯罪の存在です。海洋における海賊行動なども同じ文脈だと言えるでしょう。二〇〇一年に9・11テロがアメリカで発生してから、武力紛争の分析の様相も変わりました。一般にも、アメリカが中東に強引な軍事介入を行って、大混乱が訪れてしまった、ということが広く認識されていると思います。ただし「対テロ戦争」の余波は、アメリカが軍事駐留している地域を超えて、広がっています。アメリカがやっていることだけが「対テロ戦争」ではありません。

中東を中心にしながら、南アジアやアフリカでは、恒常的に「対テロ戦争」が行われていると言っても過言ではありません。各国政府や国際機関は、長期にわたってガバナンスや貧困問題に取り組みながら、国境を越えて暗躍するテロ組織などの悪影響に対抗していかなければならなくなっています。国連は、軍事介入を意味する「対テロ戦争」にはかかわりませんが、テロ対策はします。各国の協力を促進したり、ＰＫＯや開発援助にあたって、テロ組織ネットワークの存在を考慮したりします。軍事活動が最前線の戦場で、諜報《ちょうほう》治安活動も主要な活動だとして、国際機関もその他の活動を通じて、実態としては側面からの支援を担っているといえるでしょう。

その様子を知るために、国連開発計画（ＵＮＤＰ）の『暴力的極端主義を予防する』（UNDP, 2016）を見てみましょう。ちなみに暴力的極端主義（violent extremism）とは、テロ組織などに顕著に見られる過激思想のことを指しています。特定宗教を名指しすることの政治的含意や、テロリズムの法的定義の複雑さなどを避けるため、こうした表現を用いているのですね。さてこの報告書は、まず、失業、貧困、不正義の感覚、人権侵害、社会的・政治的排除、広範な汚職、継続的な特定集団の差別的待遇といった問題が、暴力的極端主義の温床になっていると指摘します。また、国家機構がこれらの問題に適切に対応できず、基本的な権利やサービスや安全が、人々に提供されていないことも深刻だと指摘します。

このような認識にもとづいて、UNDPは、開発援助を次のような点に配慮して進めていくとしています。法の支配と人権の重視、汚職対策、参加型意思決定と市民活動の増大、社会的経済的な包含性の確保、地方自治体の能力強化、社会的対話の促進、ジェンダー平等と女性のエンパワーメントの促進、若者の社会参加の促進、宗教指導者や信仰関連組織指導者との協働、地元メディアとの協働、学校教育を通じた人権尊重意識の向上などです。

国際機関における議論は、様々な関係者への配慮を反映させていくために、どうしても総花的になる傾向があります。新しい問題に切り込んでいった一九九〇年代の議論と比して、問題認識が発展したとも言えますし、多角化・複雑化したが焦点が見えにくくなった、とも言えるでしょう。ただ、紛争分析をふまえた政策の立案・実施が、数多くの国際機関の様々な部署で定着してきていることは確かです。

紛争分析の理論と基礎概念

次に研究者の議論の結果、二一世紀に確立された理論となったものを、いくつか見ていくことにしましょう。ここでは頻繁に用いられるようになって定着した基本的な概念をあわせて紹介することも心がけていきます。

ポール・コリアーは、世界銀行の調査部門長であった時期の二〇〇〇年に、「貪欲と不満(Greed and Grievances)」という論文を発表して、一世を風靡《ふうび》しました。コリアーはまず、武力紛争の原因を「不満」と考える見方と、「貪欲」と考える見方が対立していると言います。「不満」重視派によれば、虐げられたり劣悪な生活を強いられたりしている民衆が、怒りに燃えて武器を持って立ち上がるのが、内戦型の武力紛争の構図だと言います。実はコリアーは経済学者なので、政治学者に偏見があるようで、政治学者が「不満」重視の見方をとりがちだと言います。少しマルクス主義がかった左派系の学者が政治学者に多いという示唆のようです。

経済学では、人間は利潤を求めて行動すると仮定します。この前提がないと、経済学は成り立ちません。同じような見方を武力紛争の分析に用いるのが、「貪欲」重視派です。武力紛争は、「貪欲」な人間が引き起こします。それはどういうことかというと、武力紛争を始めると利潤を得ることができると考えた者が武力紛争を開始する、ということです。あるいは武力紛争が利潤を得る機会になる環境があるときに、武力紛争が起こりやすくなる、と言うこともできるでしょう。

実際のところ、国連事務総長報告書でも指摘されたように、武力紛争を通じて利潤を得ることができるという動機づけが、武力紛争がアフリカで頻発している背景にある、という観察は、当時からすでに広くなされていました。コリアーのメッセージは痛烈です。武力紛争は虐げられた者が正義を叫んで始めるものではなく、むしろ貪欲な強者が不当な利潤をさらに極大化させるために始めるものだというのです。天然資源の収奪が典型例でしょう。たとえば一九九〇年代を通じて凄惨な内戦を経験したシエラレオネでは、ダイヤモンドの一次産品に国家の財政が大きく依存していました。そこに反乱軍がダイヤモンド鉱石をいち早く占拠してしまうと、国家財政は破綻する一方、ダイヤモンドの闇取引を自由に行えるようになった反乱軍の指導者は巨額の利得を得ることになりました。

コリアーは、武力紛争が貪欲な者に利潤を与える「機会」になってしまう社会構造があるために、武力紛争が発生してしまうのだと考えました。コリアーらが行った回帰分析を通じて判明したのは、武力紛争の発生には、低経済成長、一次産品依存、低所得が関係しているということでした。これらは貪欲な者が利潤追求のために武力紛争を始める「機会」を作り出しています。経済成長が見込めない場合、若者層は将来に希望が持てず、非公式経済活動に魅力を感じがちです。一次産品依存は、国家体制を脆弱にするだけでなく、反政府組織による武装蜂起を通じた利潤獲得を容易にします。所得水準が低く、特に若者層が低報酬で武装行動にも動員されてしまう場合には、武力紛争を始める際の初期投資を非常に低く抑えることができます。

コリアーの紛争分析を見ると、貪欲な者が収奪する「機会」をなくしていくことが紛争予防に必要だという結論が導き出されます。つまり、経済成長を持続し、一次産品依存から脱し、低所得者層を減らす政策が必要だということになります。たとえば若者の失業対策は、経済上の意味だけでなく、紛争予防の意味があることになります。放置しておくと貪欲な者に雇われて武力紛争に駆り出されるだけの若者層が、将来の希望を持ちながら日々の仕事を得ていけるかどうかが、紛争予防の観点から非常に重要な点となります。

さてコリアーとは反対に、「不満」のほうに紛争原因を見出す理論も存在しています。フランシス・スチュワートは、「水平的不平等（horizontal inequality）」の概念を駆使して、コリアーの「貪欲」重視の姿勢とは一線を画す理論を提示しました。スチュワートによれば、「水平的不平等」と呼ぶべき社会集団の間の不平等がある場合には武力紛争が起こりやすくなります。つまり「不満」が武力紛争の発生原因になります。「水平的不平等」とは、「垂直的不平等」ではないという意味ですが、「垂直的不平等」は個人間の不平等を指します。富裕層と貧困層の格差がある、といった場合が、「垂直的不平等」の状況です。伝統的なマルクス主義では、「垂直的不平等」の状況で階級闘争が起こり、革命が起こると考えました。ところが実際には、マルクス主義者が予言したようには、世界各地で労働者による革命は起きませんでした。むしろ旧植民地の新興独立諸国では、国内の社会的矛盾による内戦が頻発しました。端的に言って、虐げられた弱者が、革命戦争を起こすことだけでも大変なことであり、「不満」救済を目指した武力紛争は簡単には起こりません。

しかし、スチュワートは、条件を変えると、「不満」の要素が武力紛争の要因になると考えます。すでに一つの社会的集団が存在しており、その社会的集団が他の社会的集団によって抑圧されるなどの不平等な扱いを受ける際には、武力紛争が起こりやすいと考えるのです。なぜならすでに民族や宗教や地域などを紐帯《ちゅうたい》にした社会的集団が形成されている場合、「不満」を持つ者同士を団結させる手間が省かれるからです。すでに存在している集団が、そのまま別の集団を攻撃するだけなので、個人が抑圧されている場合よりも武力紛争を起こしやすいというわけです。

スチュワートの「水平的不平等」の理論が正しい場合には、社会的集団間の不平等を解消することが、紛争予防につながります。地域的な経済格差を是正したり、政府の不平等な開発計画を修正することが求められたりします。コリアーとスチュワートでは、紛争分析の着眼点が違うので、それぞれを反映した政策も、異なってくることになります。

ここまでお話してきた紛争解決論の説明の内容から明らかなように、コリアーとスチュワートのどちらが正しいか、ということを判断するのは、簡単ではありません。それぞれが、どれくらいの事例を適切に説明するか、という問いは、具体例を見て考えます。どのような条件でどちらの理論がよりいっそう妥当になっていくか、という問いも、具体例を見て考えます。とりあえず本書では、異なる分析視点からは、異なる政策が求められるようになる、という点を改めて確認しておきたいと思います。

なおその他、押さえておきたい紛争分析の基本的な理論はいくつかあります。非常に重要なので、少しふれておきたいのは、人口動態論のアプローチで武力紛争の発生メカニズムを解明しようとするグナル・ハインゾーンなどの試みです。人口動態論の観点から見たとき、「ユース・バルジ（Youth Bulge）」という概念が非常に重要になります。ある社会において若者の人口比が非常に大きいとき、社会は不安定化する、という洞察を表現するのが、「ユース・バルジ」という概念です。若者は、社会で安定した地位を獲得しておらず、失業者にもなりやすい反面、暴力的行動に駆り出される確率は高い階層です。そのため、紛争後社会など脆弱性が高いと思われる社会では、「ユース・バルジ」の警告にもとづいた若者向けの開発援助が優先的に行われるようになります。

ジャン・フランソワ・メダルトなどが提唱した「ネオパトリモニアリズム（neo-patrimonia-lism）」の概念も、紛争分析の分野で頻繁に使われる必須知識です。パトリモニアリズムとは、「家産制主義」という意味です。もともとは絶対王政の国家体制を指し、国家全体が王家の家内産業の組織のようになっている状態を表現する概念です。このパトリオニズムが「ネオ」とされて、新しい形態で現れているとされるのは、絶対王政期のように王室は介在していないためです。しかし、武力紛争やクーデターによって権力を得た者が、汚職した統治体制をとって、国家全体を自分の家内産業の組織のようにしてしまう事例が頻発したため、このネオパトリモニアリズムという概念が生まれました。ネオパトリモニアリズムを支えているのは、権力者とその追従者の間に生まれている、金銭の授受や官職の提供などの便宜供与を通じたパトロンとクライアントの関係です。

武内進一は、『現代アフリカの紛争と国家』という本において、「PCPS（post-colonial patrimonial state）〔ポストコロニアル家産制国家〕」という概念を示し、ネオパトリモニアリズムの現象に、脱植民地化運動の影響を加味して理解することが必要だと論じました。権力者が、法治国家では許されないやり方で人民を収奪するとき、モデルとなっているのはヨーロッパ諸国が行った苛烈な植民地支配である、というのが、武内が強調する点です。

なぜ権力者は、官職の提供だけではなく、金銭の提供という便宜供与も図れるのでしょうか。多くの場合、それは、税金を集めなくても収入が確保できるような天然資源などの一次産品が存在しているためです。アフリカや中東の天然資源への依存が大きい「レンティア国家」では、新家産制国家が生まれやすいと考えられています。税金の徴収と引き換えに責任ある政治を為政者に求めるのが、近代国家の立憲主義的な仕組みです。税収なく確保した資金で、子飼いの者たちの便宜だけを図るような仕組みが確立されてしまうと、近代立憲主義国家の仕組みは作れなくなります。

このような新家産主義国家の現象が国家の統治体制を歪《いびつ》にさせ、結果的に武力紛争を起こしやすい脆弱な統治体制を作り出してしまうとすれば、紛争後の平和構築では、再び新家産主義国家へと転化していかないように、統治体制を改革する必要があります。

なお、最後に、世界的規模での過激派思想・集団との戦いとしての「対テロ戦争」についてふれましょう。二一世紀の開始とともに到来した「対テロ戦争」は、複雑な拡大の様相を示し続けており、終わりが見えない状態になっています。上述のUNDPの報告書に見られるように、「暴力的過激主義」をどう分析していくかは、焦眉の課題です。今後はさらに、応用度の高い理論的研究がさらに発展していくことが期待されている段階です。

おわりに

本章では、様々な武力紛争を分析するための理論を見てきました。これらのいずれもが異なる視点で、異なる結論を導き出す理論です。常に絶対に正しい理論はありません。しかし、初学者の方々が考えるヒントになる点を多々含んだ理論ではあるでしょう。

いずれにせよ本章が示したかったのは、紛争分析で導き出された結論は、紛争対応の政策を決定していく、ということでした。この一連の分析・立案・実施・検証の思考の流れをつかんでいただくことが、紛争解決論においても、非常に重要なことです。

コラム　新しい戦争とは何か

冷戦終焉にともなう政情不安定化で武力紛争が始まってしまった事例の一つが、ボスニア・ヘルツェゴビナです。ボスニア紛争は、冷戦終焉を祝福していたヨーロッパの域内で発生した凄惨な民族紛争であったという点で、欧米諸国の人々に強い衝撃を与えました。

メアリー・カルドーが「新しい戦争（new wars）」という概念を提示したときも、念頭に置いていたのは第一にはボスニア紛争でした。カルドーは「新しい戦争」を、「古い戦争」の代表としての国民国家による戦争と対比させました。しかし内戦が「新しい戦争」であるという傾向は、冷戦終焉後の世界で始まった傾向ではなく、第二次世界大戦後の世界で始まった傾向だと言うべきでしょう。カルドーの議論が興味深かったのは、アイデンティティが不安定になった人々が、アイデンティティを確認するために戦争をするという現象を指摘した点です。ボスニア戦争では、週末兵士と呼ばれた人たちのように、一般市民の日常生活の中に戦争行為が入り込んでいることが衝撃を与えましたが、アイデンティティ確立の結果として戦争が起こるのではなく、アイデンティティ確立のために戦争が起こるという指摘は、その後の様々な武力紛争の形態の拡散に対して、応用的な視点を提供するものでもありました。特に中東では、アラブの春以降の国家体制の変動の中で、新しいアイデンティティを求める若者たちの多くが宗教的な過激派運動に参加していったことに注目が集まりました。

一九九二年から九五年まで続いたボスニア紛争は、国連の無力を見せつけ、NATOの軍事介入の効果を印象付ける結果をもたらし、その後の紛争解決の政策の流れに大きな影響を与えました。強制措置を伴う手段によってほぼ強制的に締結させた和平合意の事例として、デイトン合意は歴史に記録されています。デイトン合意によって、ボスニア・ヘルツェゴビナの三民族は複雑な「エンティティ」の分割的な存在の中に押し込まれていきました。セルビア人勢力は、国土の四九％を占める「スルプスカ共和国」に、ボスニアック（ムスリム人）とクロアチア人は国土の五一％を占める「ボスニア・ヘルツェゴビナ連邦」に押し込まれ、複雑な拒否権発動の仕組みを内包した国家機構は、しばしば国政を停滞させることになりました。

ボスニア・ヘルツェゴビナをめぐっては、デイトン合意の前にも数多くの調停案がありました。いずれも、紛争当事者のいずれかの不満をかきたてたり、調停案における民族別の勢力分布に有利な影響を与えるための戦場における新たな支配地域獲得に向けた軍事行動を助長しただけで、失敗に終わりました。「新しい戦争」の調停の難しさを見せつけた形でした。ボスニア紛争は、「新しい戦争」の調停は、国家間紛争の調停と同じやり方では通用しないこと、時には強制力に頼るしか方法がない場合もあること、しかし強制力を通じた人工的な国家運営は停滞しか生み出さないだろうこと、などの教訓を残しました。

第8章　紛争解決から見た国際政治史

欧米史の中で編み出された紛争解決

ここまで紛争解決論の概念構成や考え方を説明し、武力紛争の問題について国際機関や研究者がどのような観点から分析を加えているのかを見てきました。本章では、これをふまえて、現実の歴史の中で、紛争解決の考え方がどのように機能してきたのかを見ていきたいと思います。

そこでとりあげるのは主にヨーロッパの近世・近代史です。世界史全般を取り上げることができるといいのですが、なかなか一章の中で世界全体を見ていくことはできません。そこでどうしても欧米の話が中心になるのは、紛争解決論という考え方が持っている性格にもよります。紛争解決の歴史は、欧米の歴史に最も色濃く反映されている、というと、さすがに言い過ぎではないか、とお叱りを受けそうですね。そのような言い方では、欧米人だけが紛争解決を果たして来たが、他の地域の人々は紛争解決ができてこなかった、と言っているように聞こえます。また、そもそも戦争ばかりしていた欧米人が紛争解決の面で優れていたということは言えないのではないか、目立たなくても紛争の発生それ自体をよく防いでいた地域の人々のほうが優れていたのではないか、といったご意見も頂戴しそうです。

いずれもごもっともなご意見です。そこで趣旨をはっきりさせるために、言い換えておきましょう。現在の紛争解決論の考え方は、欧米の歴史の中で編み出されてきた、というのがより実態に近い言い方です。つまり、欧米人が紛争の解決一般に優れていたとまでは言えないと思います。他方で、欧米の歴史の中から、現在われわれが紛争解決論の考え方としているものが出てきたのは、相当程度に歴史的事実でしょう。欧米人が紛争解決に優れていたというよりも、欧米人の考え方を発展させて紛争解決論の考え方が発展してきた、ということです。

欧米を中心に紛争解決の歴史を見ていく理由は次の通りです。第一に、欧米以外の世界を見ても、完璧な紛争解決の理論を編み出して実践し続けている地域というのは、ありません。第二に、ただし欧米流の紛争解決論は、現代世界で強い影響力を誇っており、国際的に標準的な紛争解決論を学ぼうとすると、どうしても欧米仕様の色が強くなってしまう、という事情があります。ある程度突き放して、これまで語ってきた紛争解決論の考え方を、あくまでも様々な紛争解決の考え方の中の一例にすぎない、と強調するやり方もあるでしょう。すると、それではこの紛争解決論の特性は何か、という問いが次に出てくると思います。それは、当事者間で協議をして紛争を解決していくアプローチ、ということになります。そのアプローチは、欧米の歴史の中で、最も顕著に見出すことができます。そのアプローチを歴史的に見ていくのが、本章のテーマになります。

自律的な紛争解決

ここまで見てきた紛争解決の考え方には、紛争をよく分析して自分たちで解決する、という大きなテーマが潜んでいます。紛争当事者だけによる交渉を通じた解決であっても、調停者の第三者を交えた場合であっても、紛争解決論の考え方は、自分たちで解決する、です。紛争が起こったら警察に電話しましょう、紛争が起こらないように世界政府を作りましょう、という考え方は、基本的には紛争解決論に馴染《なじ》みません。紛争解決論の基本メッセージは、紛争を自分たちで解決せよ、ということです。

近世以降のヨーロッパの歴史が興味深いのは、実力が拮抗《きっこう》する複数の国家が、自律的な国際社会を形成し、それを通じて紛争を処理するメカニズムを開発したことです。この歴史が興味深いのは、ヨーロッパ人が際立って優れていたからというよりも、われわれの生きる現代世界の仕組みが、このヨーロッパ人が作り出した国際社会に類似しているからです。変質はしましたが、現代国際社会の秩序に最も大きな影響を与えたのは、ヨーロッパ国際社会だ、ということでもあります。

「イギリス学派」の代表者として知られるヘドリー・ブルは、諸国家が共通の規則と制度を共有するとき、「国際社会」と呼ぶべき諸国家の社会が生まれる、と論じました。この考え方は、たとえばモーゲンソーらのリアリズムの考え方とは、異なります。リアリズムにしたがえば、そのような共通の規則と制度は、せいぜい表層的なまやかしでしかなく、国際政治の本質は常に権力闘争だからです。これに対してブルは、世界政府がないからといって社会を持つことが不可能だと考える必要はない、と論じました。諸国は、自分たちで共通の規則と制度を作り、自律的な社会を作り出している。いわば、自律的な紛争解決の仕組みを作って運用している、ということです。

ブルは、この考え方を説明するために、ジョン・ロックの考え方をホッブズの考え方と対比させます。ホッブズの少し後の一七世紀後半のイギリスの政治思想家であるロックは、名誉革命に影響を与えたことで知られます。ホッブズと同じように、社会契約を参照する推論から、あるべき政治体制を論じました。ただしホッブズと異なっていたのは、ロックが、「自然状態」が「万人の万人に対する戦争」であることを否定した点でしょう。「自然状態」においても、すでに人間は、一定の秩序を形成して自由に生きていくことができるとロックは考えていました。その秩序をよりよくするために政府を作るだけなので、政府は目的に反して社会構成員の自由を侵害することはできないとロックは考えました。立憲主義政府の考えの始まりです。

ブルの考え方が、ロックの伝統にあるとすると、「イギリス学派」は自由主義の伝統にそったものだと言えます。国際政治学においては、二一世紀になってからアメリカでジョン・アイケンベリーらが展開した国際関係の「自由主義的秩序（liberal order）」の議論と結びついています。アイケンベリーは、第二次世界大戦以後の国際社会が、アメリカを指導国とした自由主義的な秩序を持っていると論じました。アイケンベリーの『アフター・ヴィクトリー』は、第二次世界大戦の戦後処理にあたって、覇権国アメリカが自由主義的な制度にもとづいた秩序を構築したことが重要だったと論じたものです。冷戦中にブルが論じた国際社会論を、冷戦終焉後にアイケンベリーがアメリカの主導する自由主義的秩序という内実を与えて発展させたとも言えるでしょう。

こうした歴史的・理論的背景をふまえながら、国際社会の歴史を見ていきましょう。

欧州の自律的な国際秩序

ヨーロッパ国際社会がその特徴を発展させ始めるのは、一六四八年ウェストファリアの講和からです。ヨーロッパには、中世を通じて、キリスト教の権威を背景にしたローマ教皇と神聖ローマ帝国による地域秩序がありました。一六世紀までのヨーロッパには、いかに封建諸侯が存在していたとしても、キリスト教の価値観と権威にもとづいた帝国的な原理がありました。ちなみに東アジアの中国の王朝や、南アジアのインドのムガル帝国や中東のオスマン帝国など、極めて広範な地理的範囲で一つの政治秩序を形成していた他の事例は、ヨーロッパ域外にもありました。それらは基本的には帝国の膨張によって小規模な政治体制を飲み込んだ事例です。一六世紀までのヨーロッパの地域秩序は、それらの他地域の地域秩序と、大きく異なっているようには見えないものでした。

古代ギリシアでは、ポリスと呼ばれた都市国家が、数多く併存しながら、非常に優れた文明を進展させていました。古代ギリシアは、近世以降のヨーロッパ人にとって、一つの歴史モデルとして、大きな意味を持ちます。とはいえ、古代ギリシアをヨーロッパ文明の起源とみなすあまり、古代から近代まで一貫した一続きの文明の発展の流れがあったのではないかと考えるのは、誤解です。紀元前の時代の古代ギリシアは、「地中海世界」と呼ぶべき文明地域に属していました。それはローマ帝国には引き継がれたかもしれませんが、中世キリスト教世界とは必ずしも連続していません。

古代ギリシアの文明がヨーロッパに入ってきたのは、中世後期になってからです。中世の間も古代ギリシアの知識を引き継いでいたのは中東のイスラム文明の人々でした。たとえばアリストテレス哲学がアラビア語からラテン語に翻訳されて西欧にも導入されたのは、一三世紀に入る頃でした。その後一四世紀からルネサンス（再生）運動がイタリアで始まり、西欧世界にも影響を与えていきました。しかし西欧には、もともと「地中海文明」など存在していません。一六世紀に西欧で火を噴いたのは、キリスト教原理主義運動としての宗教改革でした。これによって西欧世界は混乱の極致に陥り、三〇年戦争に至ります。

三〇年戦争（一六一八〜一六四八年）は、ヨーロッパ大陸の全域で膨大な数の戦死者や餓死者を出しました。その犠牲者は八〇〇万人とも言われます。この終わりなき戦争でヨーロッパ人が痛感したのは、もはや宗教的権威に訴えても秩序は回復されない、ということでした。異なる宗派を信じる者同士が凄惨な殺し合いを続け、そこに当時の有力な国々の全てが当事者として関わったためです。超越的権威に委ねるやり方は不可能となり、有力な第三者調停の道筋も断たれた状態でした。そこで採用された新しいやり方が、ウェストファリアの講和を生み出しました。

ウェストファリアの講和は、ミュンスター講和条約とオスナブリュック講和条約からなります。神聖ローマ帝国が、プロテスタント国のスウェーデンと、カトリック国のフランスと、別々に講和条約を結んだためです。国際法史が専門の明石欽司《きんじ》は大著『ウェストファリア条約――その実像と神話』において、ウェストファリアの講和は神聖ローマ帝国内の秩序の再編の試みでしかなかった、と結論づけています。なお、ウェストファリア条約とともに「主権国家システムが始まった」という見方は、歴史的根拠のない俗説です。

国際政治史の観点から、あるいは紛争解決論の観点から重要なのは、ウェストファリアの講和が、紛争当事者が自分たちでその後の秩序維持の基盤となる規則と制度を作り出した交渉プロセスの帰結だった点です。これは客観的に言って、非常に画期的なことでした。戦争を停戦合意で終わりにする、といった程度であれば、それ以前にも、他の地域にも、事例は見つかるでしょう。ところがウェストファリアの講和の場合には、もっと踏みこんだ諸規則が多々導入されました。領主の権限と少数者宗派の取り扱いに関する規則など、統治原理に関わる内容がだいぶ含まれていました。なんといっても、ウェストファリアの講和が、ヨーロッパの大国間の勢力の均衡を目指すことによって、その後の秩序維持の原理の基盤を作り上げたのは画期的でした。

果たして類似の試みが、日本史で見つかるでしょうか。その他のアジアや他の地域で見られるでしょうか。もし見つかるとすれば、その地域には近世ヨーロッパと同じ諸国が構成する国際社会があったということになるでしょう。しかし実際には、類例を見つけるのは難しいのではないでしょうか。

一六四八年以降のヨーロッパが安定化の方向に向かい始めると、政治指導者たちはウェストファリアの講和が達成したことに自信を持ち始めるようになります。ウェストファリアの講和が戦争を終結させるために発達させた考え方を、バランス・オブ・パワーの原理として抽象化し、一般原則として運用し始めます。一七一三年に王位継承戦争と北米植民地地域でのアン女王戦争とをあわせて終結させたユトレヒト条約には、「公正な勢力均衡により、キリスト教世界の平和と平穏を確保し、堅固なるものとする」という考え方が明文化されました。具体的な取り決めを含む講和内容が、バランス・オブ・パワーという一般原則によっても正当化されるようになったのです。ブルの師にあたるマーティン・ワイトは、「バランス・オブ・パワーは、一八世紀を通じて、ある意味で国際社会の不文憲法であるかのように、一般的に語られていた」と述べていますが、独立した国家群の間に一般性の高い共通の規則と制度が生まれていたということです。

共通の規則と制度にもとづいて秩序を維持しながら、植民地を通じた世界的規模での激しい競争を進めていく中で、ヨーロッパ諸国は飛躍的な発展を遂げていきます。そしてバランス・オブ・パワーに依拠した原理に自信を深めていきます。フランス革命とその後のナポレオン戦争で、政治秩序が大混乱に陥った後、一八一五年のウィーン条約で秩序の復活を目指した際も、ヨーロッパ人たちが目指したのはバランス・オブ・パワーの復活を通じた秩序の再建でした。

やがて国際法が発達し、一九世紀にはその存在がはっきりと認識されるようになったとき、国際法学者たちが国際法の起源として重視したのは、一六四八年ウェストファリアの講和でした。なぜならそこから一般的な規則と制度にもとづく国際秩序が形成され始めた、と考えたからです。

バランス・オブ・パワーという言葉には、どちらかというと力と力のせめぎあいから偶然生まれる均衡状態というイメージもあるかもしれません。しかし当時のヨーロッパ人にとって、それは最も重要な地域秩序を維持する原理であり、最高の知識と技能をもって達成し続けていくものだったのです。したがって、当時のヨーロッパにおいて諸国間の紛争を防止することとはバランス・オブ・パワーを精緻化することであり、発生してしまった紛争を止めて再発を防いでいくこととはバランス・オブ・パワーを再確立することでした。

この歴史は、紛争解決論の観点から、大きな重要性を持っています。紛争のたびに紛争当事者が一堂に会する和平会議を開き、一般秩序維持原理にもとづいた合意を果たす。その後はその合意にもとづいて戦後の秩序管理を行っていく。こうした慣行を、複数の国家が長期にわたって維持し続けたのは、当時はヨーロッパ以外にはなかったと言えます。まさに紛争解決論の教科書の紛争解決のプロセスを、広範かつ長期にわたって実践し続けた実例が、ヨーロッパの国際社会だったのです。

紛争解決方法の構造転換

このヨーロッパ近世の国際社会の紛争解決の仕組みに大きな転機が訪れたのは、第一次世界大戦においてです。原理的には、一八七一年のドイツ統一が大きかったと言えます。ヨーロッパの中央部に最大の人口を擁する大国が出現した際、従来のバランス・オブ・パワーの運用は不可能になりました。ヨーロッパは次第にドイツ陣営と、ドイツを取り囲む他の諸国に二極分化していきました。第一次世界大戦は、その硬直した二極分化の状況で勃発し、長期化しました。アメリカの大規模な軍事介入をへて、戦争がようやく終わったとき、紛争予防の制度としてのバランス・オブ・パワーは、人々からの信頼を失っていました。

一九一九年にヴェルサイユ条約が締結されてから、国際社会の紛争解決の原理は、構造的な転換を遂げていくようになります。その推進力となったのは、アメリカ合衆国です。アメリカは、一九世紀前半から「モンロー・ドクトリン（Monroe Doctrine）」と呼ばれた「相互錯綜《さくそう》関係回避（non-entanglement）」の原則を持っていました。アメリカがヨーロッパの事柄に関わらない代わりに、ヨーロッパ列強が西半球の事柄に関わることを拒否するという原則です。それは、「新世界」の共和制国家を、「旧世界」の干渉から守るという外交原則でしたが、より具体的には、小国の犠牲の上に大国が進める「汚れた」バランス・オブ・パワーを西半球世界は拒む、という趣旨でもありました。後にアメリカは自らが帝国主義国家化して西半球の小国を影響下に置いていくと揶揄《やゆ》されます。それでもアメリカの一貫した外交原則は、バランス・オブ・パワーの秩序原理に加担せず、独自の秩序を西半球世界で維持する、というものでした。

その伝統を引っ提げて一九一九年にパリに現れたウッドロー・ウィルソン大統領は、バランス・オブ・パワーに代わる国際秩序を維持する原理として、集団安全保障の考えを示しました。そしてそれを実現するための制度として、国際連盟という新しい国際組織を設立することを唱えました。アメリカは、議会の反対によって自国は国際連盟に加入することができませんでしたが、一九二八年には不戦条約の締結を推進し、新しい国際秩序の形成を促しました。

国際連盟規約と不戦条約によって、「戦争」は一般的に違法となりました。バランス・オブ・パワーの維持を目的にして諸国が戦争を起こすことが禁じられたのです。紛争解決の考え方を根本から転換させなければならない大事件だったと言えるでしょう。自衛権の行使と集団安全保障にもとづく制裁を理由にした武力行使は、「戦争」の違法化の対象ではありません。ですが、それらは侵略行為に対抗する措置であるがゆえに制度的に認められているものので、バランス・オブ・パワーの維持を目的にして用いられるべきものではありません。

では構造転換によって新たに導入された紛争解決の仕組みとは、どんなものだったのでしょうか。それは紛争の原因を、侵略国家に求める分析に依拠しています。なぜ戦争が起こるのかと言えば、侵略国家が侵略行為を行うからである、という考え方が出発点です。紛争を予防するためには、いかなる理由をもってしても侵略は正当化されない、という制度を確立することが必要である。この原則にしたがって、戦争を予防する。それが戦争違法化の考え方です。

しかしもし違法行為である侵略行為を、あえて行ってくるような国家が現れたら、他の諸国はどうすればいいのでしょうか。まず自らが攻撃された場合には自衛権を行使します。国際連盟規約は、モンロー・ドクトリンの存在を認めています。自衛のための武力行使は、地域の仲間と一緒に行使するかもしれません。さらには国際連盟加盟国全てが一致団結して侵略行為に対抗して集団安全保障の措置をとることもありえます。

このように二〇世紀における国際秩序の構造転換は、紛争解決論の観点から見ると、考え方を最初からひっくり返すような意味を持っていました。この革命的な変化は、しかし一斉に行われたわけではありません。ドイツや日本のような諸国は、新しい国際秩序はアメリカやイギリスに都合がいいように出来上がっていて、自分たちにとっての恩恵が少ないと感じるようになりました。日本の満州事変から日中戦争に至る中国大陸での戦争行為は、明白に国際法違反の行為でした。しかし国際連盟が制裁を加えることができないまま事態が悪化していき、第二次世界大戦へと至ってしまいました。

第二次世界大戦の失敗をへて、戦後に戦争違法化の考え方は再確立されました。補強を図るために、国際連合をはじめとする諸制度が導入されました。紛争解決の仕組みも、その方向で整備されることになりました。

おわりに

第二次世界大戦後に作られた紛争解決の仕組みは、紆余《うよ》曲折はあるものの、現在に至るまで有効なものです。この仕組みのさらなる説明は、次章に譲っておきたいと思います。本章ではヨーロッパ国際社会の歴史が、紛争解決の国際的な実践の歴史として、大きな意味を持っていること、ただし二〇世紀になって新しい普遍性の高い国際社会が樹立されていくにつれて、古いヨーロッパの仕組みは、新しいやり方にとって代わられたことを確認しました。

コラム　モンロー・ドクトリンと集団的自衛権

二〇世紀における国際法の構造転換は、戦争の違法化によって象徴されます。バランス・オブ・パワーが国際秩序を維持する原則であったときには、大国による限定戦争は、バランス・オブ・パワーを調整するための措置としても許容されていました。アメリカの力が強くなって、ヨーロッパ国際社会の慣行が打ち破られたとして、アメリカは一九世紀には何を国際秩序の原理としていたのでしょうか。

一九世紀を通じて、実は二〇世紀になっても、西半球世界では、モンロー・ドクトリンを原則とする秩序がありました。地域内で圧倒的な力を持つアメリカ合衆国が、ヨーロッパの大国の干渉を西半球世界から排除するのが、モンロー・ドクトリンの秩序です。それは、バランス・オブ・パワーの秩序とは、明らかに異なる原理で成立していました。二〇世紀のNATOのように集団的自衛権を根拠にして成立した地域的安全保障制度に近いものが、モンロー・ドクトリンの地域秩序だったのです。

ウィルソンが国際連盟を提案したときイメージしていたのは、モンロー・ドクトリンの拡大版を、ヨーロッパ諸国を含みこんで作り上げることでした。この野望は、すぐには実現しませんでした。しかし第二次世界大戦後に結実しました。西半球世界の諸国は、第二次世界大戦後に国際連合憲章制定に先立って、ＯＡＳ（米州機構）を設立して、モンロー・ドクトリンの秩序を制度化しました。そのうえで集団的自衛権の規定を明示的に国連憲章に入れることによって、集団安全保障及び個別的自衛権と、集団的自衛権が併存しあう重層的な安全保障制度を成立させたのでした。

今日の紛争解決の仕組みでは、個別国家による対応、国際機関による対応に加えて、地域機構または地域的なイニシアチブによる対応が、重層的に用意されています。ただ一つの固定されたやり方だけを強化することに焦点をあてるのではなく、個別の紛争分析に応じて柔軟な対応がとれるように、複数の対応パターンが用意されているのです。

第9章　現代世界の紛争解決の国際的な枠組み

前章では、紛争解決論の観点から、国際政治史を概観してみました。二〇世紀に国際秩序原理の構造的な転換が起こったことが要点の一つでした。そこで本章では、二〇世紀半ばに国連憲章を中心にして成立した国際社会の秩序原理の仕組みについて、説明していくことにします。それは、現代国際社会の紛争解決の仕組みを表現しているものです。

国連憲章の目的と原則

一九四五年国連憲章は、今日に至るまで、国際社会の紛争解決の仕組みの基本原理を表現しています。まず国連の「目的」を定めた第一条から見ていきましょう。第一項は次のように書いてあります。

「国際の平和及び安全を維持すること。そのために、平和に対する脅威の防止及び除去と侵略行為その他の平和の破壊の鎮圧とのため有効な集団的措置をとること並びに平和を破壊するに至る虞《おそれ》のある国際的の紛争又は事態の調整または解決を平和的手段によって且《か》つ正義及び国際法の原則に従って実現すること。」

国連の「目的」とは、国連が存在している理由というべきものですから、大変に重要です。さらにその第一条の最初に書いてあることは、一九三の加盟国を持つ国連の最高目的で、国際社会において最高の価値を持っていると言っても過言ではないものでしょう。それは「国際の平和及び安全の維持（maintenance of international peace and security）」です。国連にとって平和と安全を守ることほど大切なものはない、ということですね。

ということは、もし「国際の平和及び安全の維持」という目的に挑戦してくる者がいれば、つまり「国際の平和及び安全の維持」と相容《い》れない目的を追求している者がいれば、国連はその者と紛争状態に入ることになります。

国連はとにかく徹底して中立でなければならない、という意見を聞くことがあります。確かに国連は国際機関としてなるべく中立的に振る舞うべき組織です。しかしとにかく中立的に振る舞うことが絶対の至上命題だというわけでもありません。国連が追求する最高の目的は、「国際の平和及び安全の維持」です。もしこの目的と相容れない態度で平和を危うくする侵略者などが現れたら、国連は中立性を捨て、毅然《きぜん》として立ち向かうことになります。

どうやって立ち向かうか、という政策部分の紛争解決の基本的考え方も、第一条第一項に書いてあります。

まずは「平和に対する脅威の防止及び除去と侵略行為その他の平和の破壊の鎮圧とのため有効な集団的措置をとること」が、国連が想定している紛争対応の一つです。少しわかりにくい文章になっていますが、要するに、国連と相容れない目的をもって紛争状態に入っているもののことを「平和に対する脅威」とか「侵略行為」とか「平和の破壊」と呼んでいるのですね。これらに対して、国連は、「防止」とか「除去」とか「鎮圧」という対応をとることを想定します。どうやってそれらの対応策をとっていくのかといえば、「集団的措置」をとりながら、対応していきます。この「集団的措置」の中の典型例である国連憲章第七章に定められている集団安全保障については、後述することにします。

なお第一条第一項は、「平和を破壊するに至る虞のある国際的の紛争又は事態の調整または解決を平和的手段によって且つ正義及び国際法の原則に従って実現すること」も定めています。「平和を破壊するに至る虞のある国際的の紛争又は事態」は、国連の掲げる目的と相容れないものです。平和を破壊する可能性が非常に高い紛争に直面したとき、国連はまず「平和的手段」を用いて「調整または解決」を図ります。これは典型的には、調停などの活動を行って紛争解決を図る活動を、国連が行うということです。「正義及び国際法の原則に従って実現する」とは、国連が率先して司法的手段を用いて紛争解決を図る、ということです。これらの国連憲章第六章に定められている措置は、紛争解決の時間的な流れとしては、第七章の強制措置の前に行われることが想定されています。

次に第二条を見てみましょう。国連が標榜《ひょうぼう》する「原則」が書いてある条項です。紛争解決論の観点から重要なのは、第二条四項です。そこでは、「すべての加盟国は、その国際関係において、武力による威嚇又は武力の行使を、いかなる国の領土保全又は政治的独立に対するものも、また、国際連合の目的と両立しない他のいかなる方法によるものも慎まなければならない」と定められています。この条項は、武力行使の一般的禁止として知られている条項ですね。かつて不戦条約は「戦争」を違法化しました。ところが、日本が満州事変をめぐって戦争ではない武力行使なら違法ではないなどと主張したため、より包括性の高い「武力の行使」の禁止という条項が国連憲章に導入されたわけです。紛争解決論の観点から見れば、武力行使がなされれば、基本的には違法である推定がなされるというのは、大きなことでしょう。武力行使がなされれば、国連の紛争解決のための対応が発動される可能性が出てくるのです。

憲章第六章と第七章

もっとも武力行使があった場合でも、事態の深刻度が低い場合には、まず憲章六章での対応が模索されるでしょう。第六章の冒頭に位置する第三三条は、「いかなる紛争でも継続が国際の平和及び安全の維持を危うくする虞《おそれ》のあるものについては、その当事者は、まず第一に、交渉、審査、仲介、調停、仲裁裁判、司法的解決、地域的機関又は地域的取極の利用その他当事者が選ぶ平和的手段による解決を求めなければならない」と定め、いわゆる紛争の平和的解決の可能性を追求すべきことを定めています。三三条は、様々な紛争解決の方法を例示しているわけですが、要するに、強制力を伴わない何らかの手段による紛争の平和的解決を、まず模索しなければならないわけです。

たとえば、紛争が法律的なものである場合には、国際司法裁判所（ＩＣＪ）への付託が想定されます。安全保障理事会は、「適当な調整の手続又は方法を勧告」（三六条）したりして、紛争当事者による紛争解決の支援をします。

もし平和的手段で解決が図られない場合には、別の手段が取られることになります。具体的には、憲章第七章で定められた集団的安全保障としての強制措置が導入されるかもしれません。必要性と均衡性が認められる状況では、自衛権の行使も認められるでしょう。両者は、

「国際の平和及び安全の維持」の「脅威」・「侵略行為」・「平和の破壊」に対抗するための措置として認められている制度です。武力行使の一般的禁止に対する二つの例外と表現されることもよくあります。

ただし例外といっても、何か特別事情で抜け穴になっている、ということではありません。「脅威」などを一般的に禁止しても、違法者に対する抑止や対抗措置がなければ、実質的な禁止になりません。国際社会には世界政府や世界警察がありません。「脅威」に対して抑止したり、対抗したりするためには、国際機関や諸国による制裁措置の準備が必要です。制裁措置・対抗措置とは、国連加盟国全体で行われる集団安全保障、複数の国家で行われる集団的自衛権、個々の国家で行われる個別的自衛権、です。

集団安全保障とは、国連憲章第七章の強制措置のことです。まず第三九条は、「安全保障理事会は、平和に対する脅威、平和の破壊又は侵略行為の存在を決定し、並びに、国際の平和及び安全を維持し又は回復するために、勧告をし」て、いわゆる強制措置を発動する手続きを定めています。まず経済制裁の条項として、四一条が「安全保障理事会は、その決定を実施するために、兵力の使用を伴わないいかなる措置を使用すべきかを決定することができ、且つ、この措置を適用するように国際連合加盟国に要請することができる。この措置は、経済関係及び鉄道、航海、航空、郵便、電信、無線通信その他の運輸通信の手段の全部又は一部の中断並びに外交関係の断絶を含むことができる」と定めています。

軍事制裁を発動する根拠は第四二条になります。「安全保障理事会は、第四一条に定める措置では不充分であろうと認め、又は不充分なことが判明したと認めるときは、国際の平和及び安全の維持又は回復に必要な空軍、海軍または陸軍の行動をとることができる。この行動は、国際連合加盟国の空軍、海軍又は陸軍による示威、封鎖その他の行動を含むことができる」。この軍事制裁が発動された場合に、国連加盟国が安全保障理事会の決定に従う義務があることは、第四三条によって定められています。

憲章第七章の最後に位置する第五一条は、自衛権を定めた規定です。「この憲章のいかなる規定も、国際連合加盟国に対して武力攻撃が発生した場合には、安全保障理事会が国際の平和及び安全の維持に必要な措置をとるまでの間、個別的又は集団的自衛の固有の権利を害するものではない。この自衛権の行使に当って加盟国がとった措置は、直ちに安全保障理事会に報告しなければならない。また、この措置は、安全保障理事会が国際の平和及び安全の維持または回復のために必要と認める行動をいつでもとるこの憲章に基く権能及び責任に対しては、いかなる影響も及ぼすものではない」。このように五一条の自衛権の行使は、安全保障理事会の決定に優越するわけではなく、あくまでも安保理が必要な措置をとるまでの間に認められる暫定的な措置とされています。しかし安保理の決定に時間的な制約はありません。実際には、いつ決定が出るか全くわからないときもあるでしょう。それをふまえると、自衛権と強制措置は、二つの相互に補う制度として憲章において存在していることがわかります。

国連憲章第六章と第七章の表現は、かなり包括的なものになっています。平和的な手段も、強制措置も、具体的な内容については、個別的な事情に応じて安保理が決定することになっているわけです。同様に、自衛権についても、実際の行使方法については、かなりの程度に裁量に委ねられています。それもやはり、個別的な事情に応じて適切性が見定められるべきだという考え方があるからでしょう。

国連憲章の規定は、紛争解決論の考え方をそのまま表現したと言ってもいいものです。国連憲章の目的と原則に反する「平和に対する脅威」あるいはその「虞」が発生した場合には、まずその「脅威（の虞）」の存在の認定がなされることになります。その際に「脅威（の虞）」の分析がなされるでしょう。

「脅威の虞」の場合では、平和的手段による調停や司法的解決が望ましいと判断されるかもしれません。切迫した「脅威」の場合では、強制措置や自衛権の発動が必要になるでしょう。これらの紛争対応措置の選択は、紛争に対する分析の結果として行われます。紛争分析、対応立案、対応実施と進んでいく流れは、前章までで扱った通りです。国連憲章は対応のパターンを事前に憲章で定めていますが、包括的な形でのみ定めています。実際には、相当部分が個別的な紛争の分析の結果にもとづいて判断されていくことになります。

諸国の紛争解決の努力は、国連憲章の枠組みから逸脱したものであってはいけません。国連憲章は現代国際法で最も権威の高い条約規範であり、さらには慣習法として、ほんのわずかの国連非加盟の小国にも適用されると考えられています。国連憲章で定められている紛争解決の考え方が、現代の国際社会の基準となる紛争解決の考え方です。

ただし、それは大きな枠組みであって、広範な裁量の余地があるため、具体的な対応策は国連憲章を読むだけでは決まってきません。紛争の分析から始まり、立案をへて、具体的な政策対応が決まってくることは、国連憲章が予定していることです。枠組みの縛りと、裁量余地の確保のバランスのとり方を、国連憲章は示しているという言い方もできるでしょう。

国連の平和活動

国連憲章には、国連軍に関する規定がありますが、これは現在のところ活用されていません。強制措置および自衛権は、実際には、加盟国によって行使されます。劇的な例としては、一九九〇年にイラクがクウェートに侵攻した後に形成された多国籍軍があります。国連安保理は憲章七章を発動して他国籍軍に授権をして、軍事行動を可能にしました。その後は、こうした軍事行動を可能にする授権は、ＮＡＴＯやＡＵなどの地域機構に対してなされることが通常になっています。安保理は、国連システムの外で行われる制裁としての軍事行動について監督をし続けていきます。しかしそれでも、国連それ自体が軍事行使を行うための軍事力を展開させることは、基本的にありません。

国連が行う活動でよく知られているのは、平和維持活動（ＰＫＯ）でしょう。第二代国連事務総長のダグ・ハマーショルドが、ＰＫＯを「憲章六章半の活動」と称したことはあまりにも有名ですが、ＰＫＯはもともと憲章に予定されていた活動ではありませんでした。ところが冷戦時代の米ソの対立構造の中で、安保理が強制措置を伴う憲章七章の権限を発動できない状態が続きました。そんな時期においても国連が平和のための活動を進めていくために編み出されたのが、七章の一歩手前としてのＰＫＯでした。国連本部事務局内のＤＰＯ（平和活動局）によって担当されているPKOは、二〇二〇年一〇月現在で言うと、世界の一三の地域にミッションを派遣している大規模な活動分野となっています（そのうちスーダンのダルフール地方に展開しているUNAMIDは二〇二〇年一二月末に活動終了予定）。アフリカに派遣されている国連PKOが大規模で、一万人以上程度の規模となっています。中央アフリカ共和国におけるMINUSCAが一万三〇〇〇人以上、マリのMINUSMAが一万五〇〇〇人以上、コンゴ民主共和国のMONUSCOが一万八〇〇〇人以上、南スーダンのUNMISSが一万八〇〇〇人以上となっています。アフリカ域外で一万人以上の要員を要するのはレバノンのUNFILだけで約一万人となっています。残りの国連PKOのほとんどは、冷戦時代から継続しているもので、小規模な監視団による停戦監視業務を行っているミッションです。

一九九二年に冷戦後初・アフリカ出身初の国連事務総長に就任したブトロス・ブトロス＝ガリは、就任後すぐに『平和への課題（An Agenda for Peace）』という報告書を出して、国連による平和活動を積極的に発展させていくことを表明しました。そこで調停などの憲章六章の活動を指す「平和創造（peacemaking）」、停戦合意の監視などを行う「平和維持（peace-keeping）」、開発・人道援助機関による平和の定着への貢献を指した「紛争後平和構築（postconflict peacebuilding）」に加えて、強制措置を伴う憲章七章の活動を指す「平和執行（peace enforcement）」という概念が提示しました。

冷戦終焉《しゅうえん》後に急増した武力紛争に対応するため、国連も一気にＰＫＯ派遣数を増やしました。しかし準備不足は否めず、各地で様々な問題に直面しました。たとえば、国連ＰＫＯは一九九三年にソマリアでの活動において、「平和執行」の憲章七章の強制措置の権限を付与された活動を行いました。しかしアメリカ兵一八名が殉職する事件が起こってアメリカ軍が撤収すると、強制措置を行う実態を失いました。その後は、国連ＰＫＯで平和執行を行うという考え方そのものが語られなくなりました。

一九九七年にコフィ・アナン事務総長が就任して、一九九〇年代のボスニア・ヘルツェゴビナとルワンダにおける国連ＰＫＯの失敗に関する反省の報告書を出しました。二〇〇〇年のミレニアム・サミットの際に、ラクダル・ブラヒミ氏を座長とする委員会に報告書を提出させ、国連平和活動の改革に本格的に乗り出します。この報告書は『ブラヒミ・レポート』と呼ばれるようになり、その後の国連平和活動の方向性に大きな影響力を与えました。国連ＰＫＯは、一九九九年のコソボと東ティモールへの大規模なＰＫＯ派遣を皮切りにして、その後の一〇年間で急激な拡大を見せることになります。内容面でもいくつかの大きな刷新がなされ、アナン事務総長の時代に導入されたSSRやDDRといった概念や、法の支配を重視する方針などは、その後の国際平和活動の枠組みを形作るものとして定着しました。

もっともこの傾向は、研究者の間での様々な議論を刺激しました。ローランド・パリスは、冷戦終焉以後の国連PKOには「自由主義的平和構築理論」の傾向があると指摘しました。これは「民主的平和論」などに影響されたものと考えられ、紛争後社会の自由主義化を平和活動と同一視する傾向を作り出していると、パリスは論じました。パリスは、この「自由主義的平和構築理論」の妥当性を一定程度評価しつつ、「自由化の前に制度化が必要だ」と強調して、慎重さが求められることも指摘しました。その後、「自由主義的平和構築理論」については、国際社会の根本規範を反映した活動が望ましいとして一定の評価をする見解から、現地社会のオーナーシップを阻害していると考えて激しい批判をする見解まで、様々な意見が出されました。

紛争解決論の観点から言えば、国連が政治調停とPKOミッションの運営などを一体化させて行うようになったのは、特筆すべき点です。また、強制措置に関して言えば、「平和執行」を主目的としたPKOはタブーとなりました。その一方で、安保理は憲章七章を頻繁に発動し、現在では、大規模な国連PKOの全てに憲章七章の権限が、部分的に、付与されています。たとえば「市民の保護（Protection of Civilians: PoC）」の活動を行う際には、憲章七章の権限にもとづいて武力行使をすることもできる、といった形で、付与されています。

少しわかりにくいかもしれません。こういうことです。現代では、ＰＫＯミッション全体に憲章七章の権威を付与して「平和執行活動」と位置付けて、武力紛争を鎮圧して、強制的に平和を作り出すことを主目的にする活動を国連が行うことはありません。その代わりに、国連の権威を守るために重視しなければならない一般市民の保護を目指すＰｏＣなどの活動をする際には、必要であれば強制措置として可能な手段の全てを使える権限が、事前に付与されるわけです。

なお国連憲章第六章の平和的手段の実施を担当しているのは、国連本部事務局ではＤＰＰＡ（Department of Political and Peacebuilding Affairs〔政務・平和構築局〕）となります。ＤＰＰＡの担当分野として、特別政治ミッション（ＳＰＭ）の世界各地への派遣もあります。ＳＰＭは軍事部隊を伴わない文民職員によるミッションで、規模は小さいですが、和平調停の斡旋《あっせん》などの平和創造のための業務を主に行います。

さて、現代世界では、国際平和活動のニーズが飛躍的に高まり、国連だけで十分な手段をとる準備はありません。そこで重要となるのは、まず地域機構との連携です。ＮＡＴＯ（北

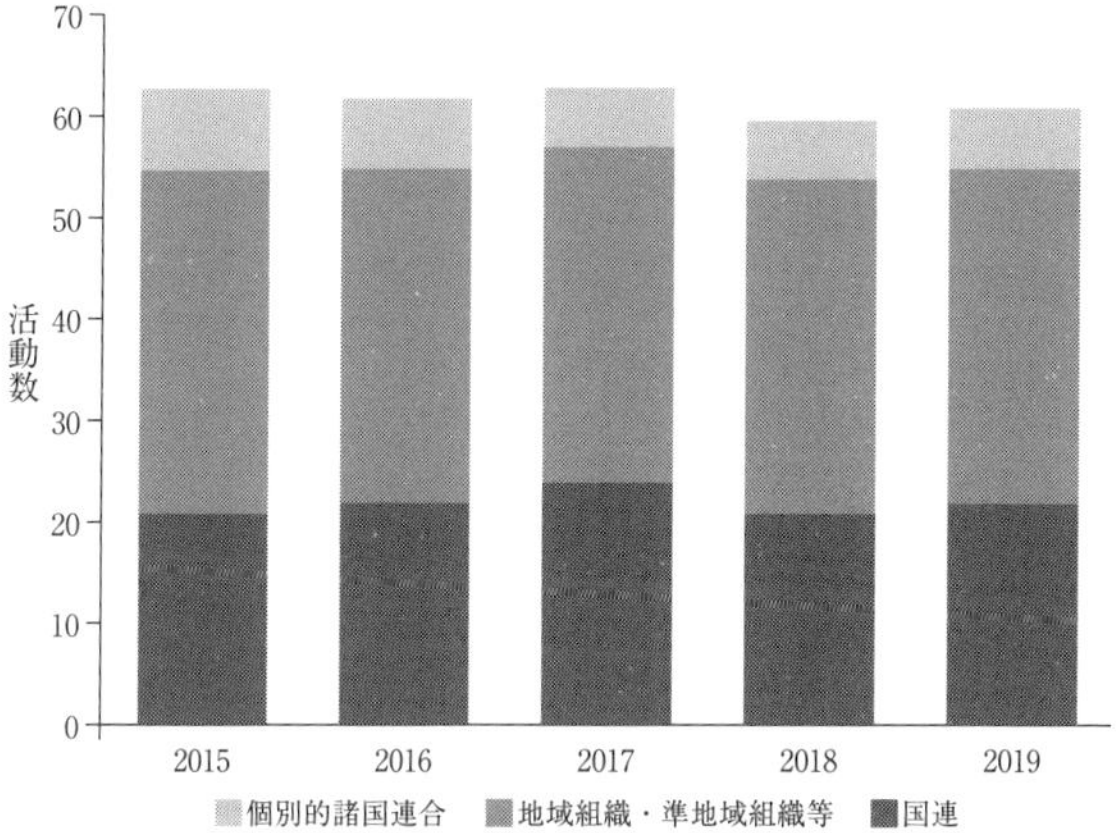

図 17　実施組織別の国際平和活動の数（2015～19 年）
（出典：SIPRI Fact Sheet: Trends in Multilateral Peace Operations, 2019）

大西洋条約機構）、ＯＳＣＥ（欧州安全保障協力機構）、ＥＵ（欧州連合）、ＡＵ（アフリカ連合）、ＥＣＯＷＡＳ（西アフリカ諸国経済共同体）などが、各種の平和活動を行って、国連の紛争解決の取り組みを補強しています。またマリにおけるＧ５－Ｓａｈｅｌや、西アフリカにおけるＭＮＪＴＦは、テロ組織掃討作戦を行う周辺国のイニシアチブとして、進められていますが、広範な国際社会からの認知を得ています。

　国連ＰＫＯの予算・人員は、二〇一〇年代に入って頭打ちになり、二〇一六年頃から顕著な減少傾向に入りました。国連ＰＫＯには、その規模において、もはや拡大の余地がないのです。そこで近年では「パートナーシップ」が強調され、国連が地域機構や準地域機構などと連携しながら平和活動を進めていくことが常態化してきています。

たとえば、国連が苦い思い出を持つソマリアに、安保理は決して大規模ミッションを派遣しようとしません。そこでAUがAMISOM（AUアフリカ活動）を形成して、テロ組織のアル・シャバブの掃討作戦を引き受けながら、ソマリア連邦政府に対する支援も提供しています。国連はUNSOM（国連ソマリア活動）やUNSOS（国連ソマリア支援事務所）を通じて政治調停や、物資提供などの側面支援を行っています。

そもそも現在の国連PKOを支えているのは、主にアフリカと南アジアの諸国です。特にアフリカで、紛争地に隣接した周辺国からの貢献があることは、厳密な中立性を求める立場からは疑義がありうる点です。しかし拡大しきった国連PKOを支えていくには、政治的関心を持つ周辺国の協力が不可欠です。なおアフリカに強い関心を持つヨーロッパ諸国は、EUの枠組みを使って能力構築などに焦点を絞った支援活動を、アフリカ各地で行っています。

国際平和活動のジレンマ

一九九〇年代の高揚と停滞、二〇〇〇年代の拡大と深化、そして二〇一〇年代の緩やかな減退の時期をへて、国際平和活動は今後はどうなっていくと予測されるでしょうか。紛争解決論の観点からも、無視できない大きな問題がひそんでいます。

国際平和活動の拡大と同時に、「対テロ戦争」の時代が到来しました。アメリカはいまだにアフガニスタンとイラクから完全には撤収していません。それどころか、アメリカ軍は、ソマリアや西アフリカなど国際平和活動が展開している地域でも、テロ組織掃討作戦を実施・協力しています。近年になって国際平和活動の要員や、あるいは人道援助組織の職員の間でも、殉職者が増えてきています。増加の大きな理由の一つが、敵性勢力による攻撃です。国連などの場合には、テロ組織掃討作戦に直接参加することはしません。しかし実態として対テロ戦争の動きと協力しているかのように見える場合が多々あるのは、否定できないところです。

現代は非常にたくさんの武力紛争が起こっている時代です。地域別に分類すると、アフリカ、中東、南アジアにかけての地域が、特に紛争が多発している地域になっています。コーカサスや東南アジア一部地域をつなげると、現代世界の広域紛争多発ベルト地域が見えてきます。

図18のとおり、二〇一〇年代の特徴の一つとして、従来から武力紛争が多かったアフリカ

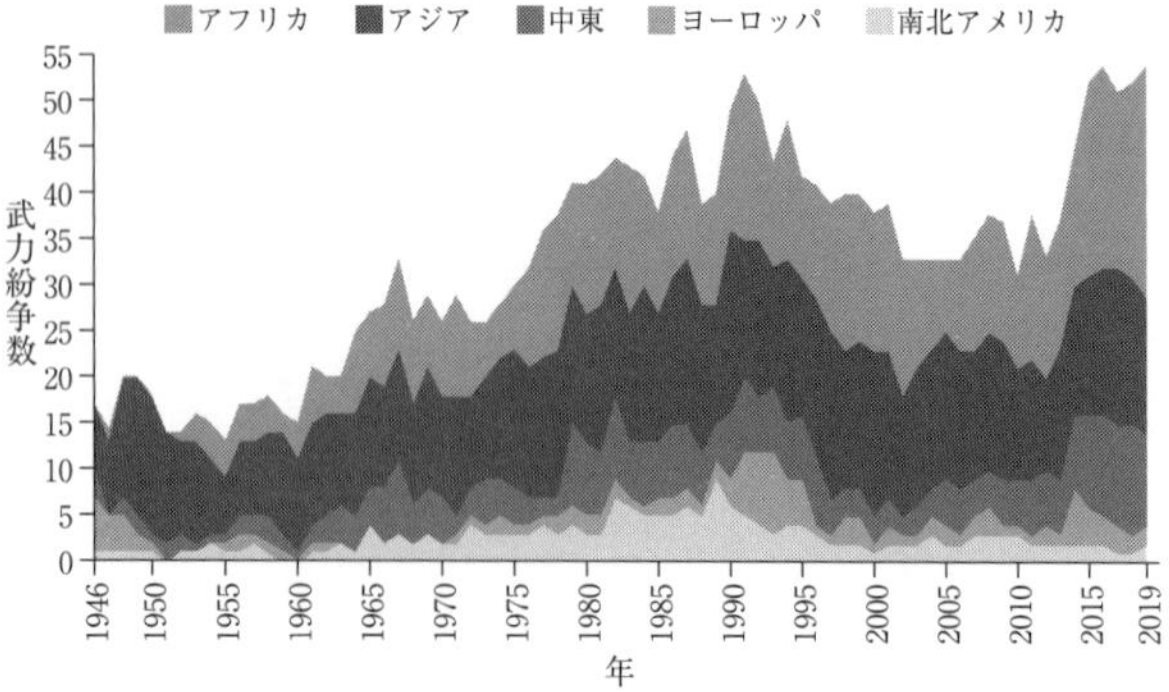

図18　武力紛争数の推移（出典：Uppsala Conflict Data Program［UCDP］）

やアジアに加えて、中東における武力紛争の数が増えたことがあげられます。これはアラブの春以降の中東における政治体制変動の激しさが招いた事態であると考えられます。実は、中東では、シリアやイエメンなど、特に規模の大きい武力紛争が発生しています。武力紛争の犠牲者数で激甚な被害が出ているのは、特に中東です。

図19のとおり、武力紛争とは分類されないテロ事件も、二〇一〇年代に入って大幅な拡大を見せています。テロ攻撃は武力紛争多発地域で頻度が高いのですが、中東は特に高いのが現状です。

このような状況を見ると、武力紛争とテロ攻撃とが同じ地域で同じ社会問題に起因して発生していることがわかります。そしてその震源地は、対テロ戦争の中心地であり、二〇一〇年代に入ってさらに混乱の度合

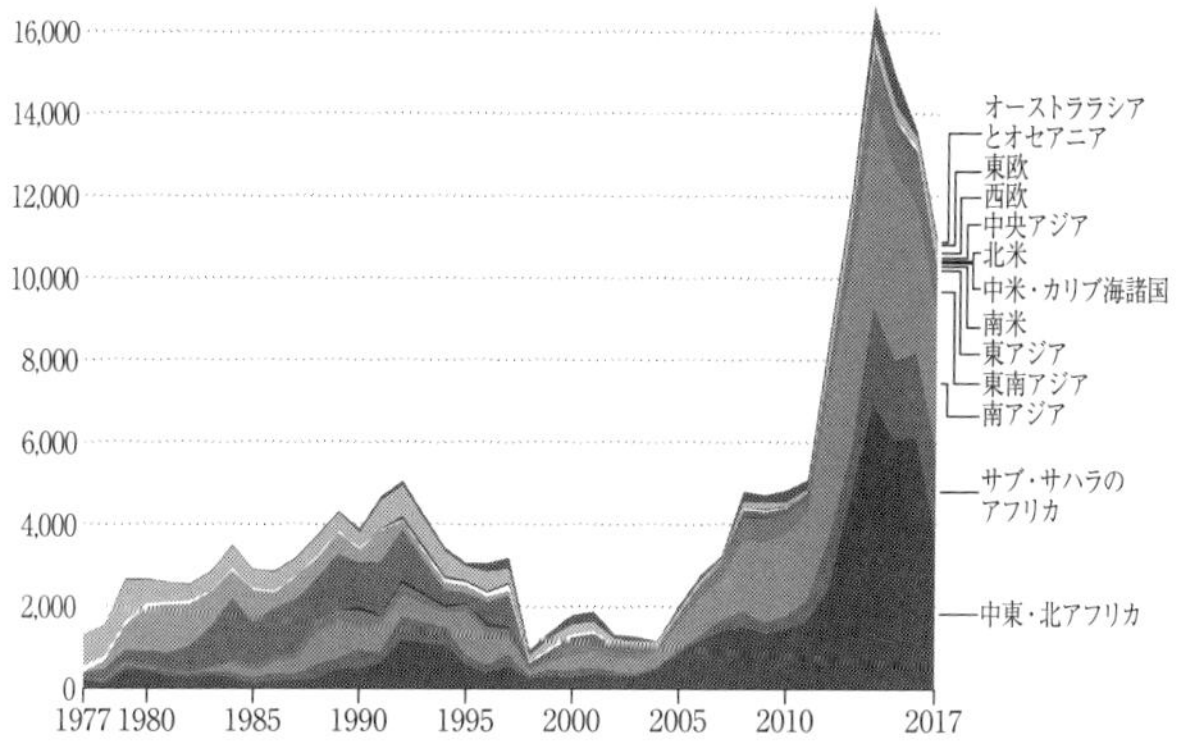

図19　地域別テロ攻撃の犠牲者数の推移（1977～2017）
（出典：Global Terrorism Database（2018））

いを高めた、中東であることもわかります。
国連は、対テロ戦争を遂行しません。結果として、国連は中東に国際平和活動ミッションを展開できない状態が続いています。アフリカのサヘル地域に展開している国連ＰＫＯのＭＩＮＵＳＭＡやＭＩＮＵＳＣＡは、自らはテロ組織掃討作戦のような活動は行いません。ですが、実態としてＧ５－Ｓａｈｅｌのような周辺国のイニシアチブによるテロ組織掃討作戦の結果に依存しながら活動を続けていることは、否定できません。

おわりに

本書では、紛争解決論の考え方として、分析をして、立案をして、実施をする、ということを強調しました。もちろんその次には結果を評価して、また新しい状況を分析していくことになりますので、このサイクルは何度も何度も続いていきます。現代国際平和活動は、冷戦終焉後の時代の失敗と反省をふまえて、二一世紀には飛躍的な反転と発展を遂げました。ところが対テロ戦争の暗雲は、その成果も飲み込む形で、世界に危機をもたらしています。国際社会は、パートナーシップ型の平和活動の拡大などで、新しい状況に対応する方法を見出そうとしてきています。しかし、まだ現在進行中の活動であり、まだ結論は見えてきていないと言えそうです。さらに新たな分析をして、新たな政策につなげていかなければなりません。

この現在進行形の営みに対して、初学者向けの本書は、具体的な回答を用意することができません。世界中で試行錯誤中だからです。ただそれにしても本書の観点から最後に確認できることもあります。答えが見えない中、世界中の紛争解決の専門家たちや政策担当者たちは、本書で説明した通りの手順で、やはりまず分析を深め、そして新しい政策につなげようと苦闘している、ということです。

コラム　パートナーシップ平和活動

最近の国際平和活動の大きな潮流の一つと言えるのが、国連と地域機構・準地域機構が連携して国際平和活動を行う「パートナーシップ平和活動（partnership peace operations）」です。冷戦時代の伝統的な国際平和活動は、国連ＰＫＯがほぼ全てでした。冷戦終焉後に、平和維持だけでなく、平和構築や平和創造と呼ばれる分野に国際平和活動は、大きく活動範囲を広げていきました。さらに二一世紀になると、国際平和活動と対テロ戦争の決して同一化しない範囲内での近接が、大きな問題になるようになりました。そこで国際秩序の全体動向の変容の過程で、国連以外の国際組織や諸国有志連合が国際平和活動に貢献する機会や度合いも拡大していくことになりました。そして国連と他の国際組織が連携しながら多岐にわたる国際平和活動を総合的に実施する場合も増えていったのです。冷戦終焉のインパクトと、二一世紀の対テロ戦争の要請の影響が大きいと言えます。この現象は国連憲章体制から逸脱するものではありませんが、二一世紀の新しい発展ではあります。

一九九〇年代の西アフリカと南ヨーロッパにおけるECOWASとNATOの活動を萌芽《ほうが》とする地域機構による国際平和活動は、二一世紀に入って飛躍的に拡大しました。国連PKOの大多数は、アフリカのサヘル地域に投入されていますが、それらの大規模ミッションの全ての場合において、アフリカの地域機構との様々な形態の連携が確立されています。ヨーロッパにおける国際平和活動は、もはや地域機構が完全に主導権を握る形で実施されることが既定路線となっています。

パートナーシップ平和活動は、時系列型、機能分化型、混合型の三つのパートナーシップの類型に整理することができます。時系列型は、地域機構等が早期の介入を行い、国連がその活動を引き継ぐタイプです。機能分化型は、テロ集団掃討作戦や和平合意調停などの特定分野を地域機構等が進め、国連が別の活動を引き受ける分業タイプです。混合型はUNAMID（国連アフリカ連合ダルフール派遣団）における国連と地域機構の共同運営スタイルですが、これは稀有《けう》な事情で発生した事例で、今後踏襲される可能性は少ないものです。

パートナーシップ平和活動を隆盛させた背景には、国連憲章体制の二〇世紀後半以降の展開があります。より具体的には、国連憲章第七章の集団安全保障と集団的自衛権がよりいっそう近接し、重なり合って、一体的に運用されてきています。それは、憲章七章と八章の相乗効果が大きく期待されているということでもあります。大きな規範構造の問題としては、冷戦終焉後の自由民主主義的価値規範の主流化の問題があるとも言えるでしょう。

さらに言えば、パートナーシップ平和活動が要請されているのは、国際安全保障の環境の変化の反映でもあります。国連PKOは、二一世紀になって、その活動内容を大きく変化させながら活動範囲を広げました。それでも現在は、現実の要請に応えきれないまま、縮小の傾向に入っています。対テロ戦争によって複雑化した国際平和活動の要請をふまえると、国連と地域機構の特性を踏まえた連携は必須となっています。

新型コロナウイルスの流行によって活動の制約を受けた二〇二〇年の国際平和活動は、どちらかというと停滞気味でした。さらなる大々的な発展が期待できない情勢の中、工夫を積み重ねて国際平和活動を進めていくために、パートナーシップ平和活動の流れはいっそう重要になっていると言えるでしょう。

あとがき

ずっと紛争解決の教科書を日本語で書いてみたいと思っていた。英語で書かれた既存の紛争解決の教科書には、それぞれ良いところがあると感じていたが、日本の初学者には、もっと広い間口から紛争解決を案内する必要があると思っていた。また、国際政治学と紛争解決論のつながりなども、わかりやすく説明しておく必要があると思っていた。

自分が大学で教えている「紛争解決論」の授業は、自分なりの工夫を凝らしながら、内容を考えてきた。ただそうすればするほど、対応する教科書がないことが学生に不親切であるような気がしてきていた。

本書の公刊によって、こうした長年の懸念が解消されると思うと、安堵《あんど》の気持ちを覚える。

私は大学の学部の講義で「紛争解決論」を教えながら、ゼミでは「問題解決」を方法論的なテーマにした平和構築のゼミを運営している。紛争解決や平和構築という複雑な政策課題を考えるにあたって、ビジネスの世界で語られている「問題解決」の考え方などを方法論的な観点から見ておくことも、非常に有益だと考えているからだ。方法論に関する基本的な考え方は、開発援助の世界におけるプロジェクト管理の手法にも通じるところがある。本書では、紛争解決の初学者は、まだ専門性を特化していないがゆえに、かえって分野横断的な方法論の説明になじむこともあるだろうと考え、私なりの間口の広い紛争解決論の説明をした。それを一冊のまとまった書籍の形にできたことは、私としては望外の喜びである。

日本人は知識面では強いが、応用面で弱いと言われる。それは問題分析から対応立案そして実施に至る一連のプロセスを管理する考え方へのこだわりが弱いということだ。紛争解決論は、大きな方法論の問題が関わる様々な領域の中の一分野にすぎない。だが、それでも、本書が、少なくとも初学者にとって、方法論への問題意識を喚起するものでありうるなら、著者にとっては非常な喜びである。

方法論的な問題意識を前面に出したことによって、現代世界の個々の武力紛争に焦点を当てた事例研究などは、簡単にふれるだけにとどめざるをえなかった。この点については、機会をあらためて、別途意味のある仕事をしていきたいと思っている。

最後になるが、筑摩書房の松田健氏には、今回も大変にお世話になった。心より御礼申し上げる。

参考文献

第1章
上杉勇司・長谷川晋『紛争解決学入門――理論と実践をつなぐ分析視角と思考法』（大学教育出版、二〇一六年）
オリバー・ラムズボサム、トム・ウッドハウス、ヒュー・マイアル（宮本貴世訳）『現代世界の紛争解決学』（明石書店、二〇一〇年）
安川文明・石原明子（編）『現代社会と紛争解決学――学際的理論と応用』（ナカニシヤ出版、二〇一四年）
廣田尚久『紛争解決学』（新版）（信山社、二〇〇二年）

第2章
モーゲンソー（原彬久訳）『国際政治――権力と平和』（上・中・下）（岩波文庫、二〇一三年）
ロジャー・フィッシャー、ウィリアム・ユーリー（岩瀬大輔訳）『ハーバード流交渉術』（三笠書房、二〇一一年）

第3章
ヨハン・ガルトゥング（藤田明史・奥本京子・トランセンド研究会訳）『ガルトゥング紛争解決学入門：コンフリクト・ワークへの招待』（法律文化社、二〇一四年）

ジェームズ・K・セベニウス、R・ニコラス・バーンズ、ロバート・H・ムヌーキン（野中香方子訳）『キッシンジャー超交渉術』（日経BP社、二〇一九年）

第4章

上杉勇司・小林綾子・仲本千津『ワークショップで学ぶ 紛争解決と平和構築』（明石書店、二〇一〇年）
齋藤嘉則『新版 問題解決プロフェッショナル――思考と技術』（ダイヤモンド社、二〇一〇年）
渡辺健介『世界一やさしい問題解決の授業――自分で考え、行動する力が身につく』（ダイヤモンド社、二〇〇七年）

第5章

ケネス・ウォルツ（渡邉昭夫・岡垣知子訳）『人間・国家・戦争――国際政治の3つのイメージ』（勁草書房、二〇一三年）
ホッブズ（水田洋訳）『リヴァイアサン』（岩波文庫、一九九二年）
ルソー（桑原武夫他訳）『社会契約論』（岩波文庫、一九五四年）
カント（宇都宮芳明訳）『永遠平和のために』（岩波文庫、一九八五年）
ケネス・ウォルツ（河野勝・岡垣知子訳）『国際政治の理論』（勁草書房、二〇一〇年）

第6章

ジョセフ・S・ナイ・ジュニア、デイヴィッド・A・ウェルチ（田中明彦・村田晃嗣訳）『国際紛争――理

論と歴史』原書第10版（有斐閣、二〇一七年）
ハルフォード・ジョン・マッキンダー（曽村保信訳）『マッキンダーの地政学――デモクラシーの理想と現実』（原書房、二〇〇八年）
ニコラス・J・スパイクマン（奥山真司訳）『平和の地政学――アメリカ世界戦略の原点』（芙蓉書房出版、二〇〇八年）
篠田英朗『国際紛争を読み解く五つの視座――現代世界の「戦争の構造」』（講談社選書メチエ、二〇一五年）
フランシス・フクヤマ（渡部昇一訳）『歴史の終わり』（上・下）（三笠書房、一九九二年）
サミュエル・ハンチントン（鈴木主税訳）『文明の衝突』（集英社、一九九八年）

第7章

OECD DAC, “The DAC Guidelines: Helping Prevent Violent Conflict”, 2001.
Report of the Secretary-General: The Causes of Conflict and the Promotion of Durable Peace and Sustainable Development in Africa（UN Document A/52/871-S/1998/318）.
Report of the Secretary-General: Implementation of the Recommendations contained in the Report of the Secretary-General on the Causes of Conflict and the Promotion of Durable Peace and Sustainable Development in Africa（UN Document A/66/214-S/2011/476）.
Report of the Secretary-General: “Causes of Conflict and the Promotion of Durable Peace and Sustainable Development in Africa”（UN Document A/74/301-S/2019/645）.
UNDP, “Preventing Violent Extremism through Promoting Inclusive Development, Tolerance and Respect

for Diversity", 2016.
ポール・コリアー（中谷和男訳）『最底辺の10億人』（日経BP社、二〇〇八年）
グナル・ハインゾーン『自爆する若者たち――人口学が警告する驚愕の未来』（新潮選書、二〇〇八年）
武内進一『現代アフリカの紛争と国家』（明石書店、二〇〇九年）
メアリー・カルドー（山本武彦・渡部正樹訳）『新戦争論――グローバル時代の組織的暴力』（岩波書店、二〇〇三年）

第8章

ジョン・ロック（加藤節訳）『完訳 統治二論』（岩波文庫、二〇一〇年）
ヘドリー・ブル（臼杵英一訳）『国際社会論――アナーキカル・ソサイエティ』（岩波書店、二〇〇〇年）
G・ジョン・アイケンベリー（鈴木康雄訳）『アフター・ヴィクトリー――戦後構築の論理と行動』（NTT出版、二〇〇四年）
明石欽司『ウェストファリア条約――その実像と神話』（慶應義塾大学出版会、二〇〇九年）
篠田英朗『国際社会の秩序』（東京大学出版会、二〇〇七年）

第9章

篠田英朗『平和構築入門――その思想と方法を問いなおす』（ちくま新書、二〇一三年）
北岡伸一・細谷雄一（編）『新しい地政学』（東洋経済新報社、二〇二〇年）

chikuma primer shinsho

ちくまプリマー新書 366
紛争解決《ふんそうかいけつ》ってなんだろう
二〇二一年一月十日　初版第一刷発行

著者　篠田英朗（しのだ・ひであき）
装幀　クラフト・エヴィング商會
発行者　喜入冬子
発行所　株式会社筑摩書房
東京都台東区蔵前二－五－三　〒一一一－八七五五
電話番号　〇三－五六八七－二六〇一（代表）
印刷・製本　株式会社精興社

ISBN978-4-480-68393-9 C0231　Printed in Japan